René Gro...

Histoire
de l'Asie

Essai

Le code de la propriété intellectuelle du 1er juillet 1992 interdit en effet expressément la photocopie à usage collectif sans autorisation des ayants droit. Or, cette pratique s'est généralisée dans les établissements d'enseignement supérieur, provoquant une baisse brutale des achats de livres et de revues, au point que la possibilité même pour les auteurs de créer des œuvres nouvelles et de les faire éditer correctement est aujourd'hui menacée. En application de la loi du 11 mars 1957, il est interdit de reproduire intégralement ou partiellement le présent ouvrage, sur quelque support que ce soit, sans autorisation de l'Éditeur ou du Centre Français d'Exploitation du Droit de Copie , 20, rue Grands Augustins, 75006 Paris.

ISBN : 978-2-37976-177-5

10 9 8 7 6 5 4 3 2 1

René Grousset

Histoire de l'Asie

Essai

Table de Matières

Chapitre Premier	7
Chapitre II	10
Chapitre III	20
Chapitre IV	28
Chapitre V	37
Chapitre VI	46
Chapitre VII	52
Chapitre VIII	62
Chapitre IX	71
Chapitre X	76
Chapitre XI	81

Chapitre Premier
Le continent asiatique et la géographie humaine

Formation du continent asiatique

L'Asie qui est le plus étendu et le plus massif des continents (44.500.000 km^2) n'a été constituée dans ses grandes lignes que vers l'ère tertiaire. Aux époques antérieures nous ne voyons s'affirmer encore qu'un certain nombre de « faîtes » ou « môles » apparus sur la périphérie du tracé actuel : au nord le « *faîte sibérien* » ou de l'Angara, attesté dès l'époque algonkienne et qui pendant l'ère secondaire s'élargit en un vaste continent sino-sibérien, charpente de la future Asie ; au sud, le « *continent de Gondwana* » qui réunit longtemps l'Inde péninsulaire à Madagascar. Entre ces deux masses émergées s'étendait une Méditerranée asiatique, la « *Thétys* » des géologues qui, largement étalée pendant toute l'ère secondaire, couvrait encore à l'oligocène l'Asie Mineure, l'Iran, l'emplacement de l'Himalaya, la Birmanie et l'Insulinde. Au miocène la régression de cette mer et la surrection des chaînes alphimalayennes, courant en Asie du Caucase aux arcs malais, soudèrent le môle sino-sibérien à l'Inde péninsulaire, créant ainsi le continent actuel.

A la fin du tertiaire, à la phase sarmatienne, la configuration de l'Asie s'esquisse donc dans ses grandes lignes. Il restera à assécher la lagune aralo-caspienne qui réunissait alors le lac Balkhach à la mer Noire, à assécher aussi la Manche syro-iranienne qui séparait de l'Asie le plateau d'Arabie, et par ailleurs ce ne sera qu'au quaternaire que l'effondrement de la fosse érythréenne coupera l'Arabie de l'Afrique. Au quaternaire il faudra de même que l'effondrement de l'Egéide disjoigne l'Anatolie d'avec les Balkans ; il faudra que le Tigre et l'Euphrate, le Gange et le Brahmapoutre, le fleuve Jaune et ses doublets comblent de leurs alluvions les anciens golfes destinés à devenir grâce à eux la terre nourricière de la civilisation assyro-babylonienne, de la civilisation indienne, de la civilisation chinoise.

Haute Asie et plaines alluviales

Ainsi constitué, le continent se trouva groupé autour d'un énorme massif central — la Haute Asie — dont l'étage le plus élevé (au-dessus de 5.000 mètres) est le plateau du Tibet que flanquent au sud l'arc de cercle de l'Himalaya, au nord les arcs de Kouen-lun et de l'Altyn-tagh. Les hautes terres se poursuivent à l'est par les chaînes de la Chine occidentale, monts Ts'in-ling et Alpes du Sseutch'ouan ; elles se prolongent au nord et au nord-est par le socle de l'Asie Centrale sur lequel se dressent les T'ien-chan, puis l'Altaï, le Khangaï et les autres chaînes mongoles jusqu'au Grand Khingan. Au sud-ouest enfin, sur l'autre versant du plateau de Pamir — le Toit du monde —, une altitude moyenne de 1.000 mètres se maintient encore sur le plateau d'Iran, puis, par delà le nœud du massif arménien, sur le plateau d'Asie Mineure. Ces hauts plateaux soumis, du moins en Mongolie et en Asie Centrale, à un climat aux oscillations extrêmes, restent, dans leurs parties les moins stériles, voués à une végétation de steppes qui ne peut convenir qu'à l'élevage. La Haute Asie, dans ses cantons encore habitables, ne peut nourrir qu'une population de pâtres nomades transhumant à la suite de leurs troupeaux et maintenus de ce fait à un stade culturel assez primitif.

En contraste avec cette haute zone centrale, la périphérie nous offre un certain nombre de basses plaines alluviales prédestinées à la vie agricole, celles que nous énumérions tout à l'heure : dans le nord-est de la Chine la Grande Plaine du fleuve Jaune que prolongent les terrasses de lœss du Chan-si et du Chen-si ; en Indochine la plaine du bas Mékong ; au sud de l'Himalaya la plaine indo-gangétique ; enfin au sud-ouest du plateau d'Iran, la Mésopotamie et la Susiane. Peut-être à cette énumération faudrait-il ajouter, en Asie Centrale, les dernières bonnes terres du bassin du Tarim, ce Nil ou cet Euphrate moribond dont les affluents depuis l'époque historique n'alimentent plus qu'un chapelet d'oasis en voie de dessèchement.

Asie désertique et Asie des moussons

Nous touchons ici à un fait qui conditionne toute l'histoire du peuplement humain en Asie, celui de la « saharification » progressive de toute la région centrale. Si nous laissons de côté la Sibérie, qui, toundra ou taïga, est dominée par la présence ou le voisinage du cercle polaire, l'Asie au point de vue climatique se divise en deux zones présentant entre elles un contraste absolu : d'une part, dans les bassins sans écoulement du centre, une zone de sécheresse vouée à la saharification ; d'autre part, sur les terres baignées ou influencées par l'océan Indien depuis la mer d'Oman jusqu'à la mer de Chine, un régime tropical avec ruissellement des pluies estivales de mousson. La mousson en saison chaude fait sentir sa fécondante action diluvienne sur les trois quarts de l'Inde, l'Indochine, l'Insulinde, la moitié de la Chine et sur l'archipel japonais. Au contraire la Mongolie, les deux Turkestans et une partie de l'Iran relèvent du climat désertique. En Iran comme au Turkestan chinois la culture ne pourra être qu'une culture d'oasis, de cités-jardins, réfugiée le long des derniers cours d'eau vivants ou au versant encore humide des montagnes. Le bassin supérieur du fleuve Jaune du côté de l'Ordos, celui de l'Indus inférieur vers le désert de Thar, celui de l'Euphrate en Mésopotamie occidentale représentent, comme le Nil en Afrique, autant d'oasis-galeries pratiquement limitées au cours même du fleuve ou de ses canaux de dérivation au milieu d'un paysage étranger de steppes ou de déserts. Au sud-ouest une place à part doit être réservée, en Anatolie et en Syrie, à l'étroite bande littorale, *riviera* de cultures méditerranéennes qui reproduit le facies bien connu du paysage hellénique, toscan ou provençal.

Asie sédentaire et Asie nomade

Comme on le voit, les terres à vocation agricole, celles où devaient se développer les grandes civilisations sédentaires, civilisation chinoise, civilisation indienne, civilisation mésopotamienne, se trouvent dispersées sur la périphérie, séparées entre elles par la masse énorme de la Haute Asie, de ses plateaux hostiles, de ses steppes. De cet isolement provient sans doute le caractère original des trois ou quatre grandes civilisations précitées qui ont dû chacune se développer en vase clos (encore que les nécessités d'une vie agricole semblable y aient suscité des institutions et conceptions parfois assez analogues). Il s'est ainsi constitué dès la protohistoire un « Orient classique » qui se présente à nous comme un tout parce que d'une part la Mésopotamie a infiniment plus de communications avec la zone méditerranéenne (Syrie et Anatolie) et avec l'Egypte qu'avec l'Inde ou la Chine, parce que d'autre part l'Iran, bien que dominant l'Indus du haut des vallées afghanes, regarde et « descend » bien plutôt, par les cols du Zagros, vers Babylone ou Baghdad. Il existe avec non moins de netteté un milieu, presque un continent indien où la barrière de l'Himalaya et la communauté du climat tropical enferment ensemble et font fusionner plaine indo-gangétique et plate-forme du Dékhan. Et il existe enfin un monde chinois encore plus isolé de tout le reste, qui regarde à l'opposé de l'Asie Antérieure et du monde indien et qui ne communique avec l'un et avec l'autre qu'au compte-gouttes par les longues pistes de caravanes étirées des cols du Pamir au Kan-sou à travers les oasis du Turkestan oriental.

Cependant les vieilles civilisations agricoles et sédentaires de l'Asie Antérieure, de l'Inde et de la Chine restaient surplombées par la Haute Asie. Les pauvres tribus de pâtres nomades qui parcouraient l'immensité des steppes entre la Muraille de Chine et les portes de l'Iran voyaient s'étendre à leurs pieds les richesses de Tch'ang-ngan ou de Pékin, de Delhi ou de Bénarès, de Baghdad ou de Constantinople. La ruée centrifuge de ces nomades vers tous ces objectifs de pillage, en créant les premiers empires extra-régionaux, provoqua aussi les premiers brassages de civilisations. C'étaient les plaines littorales qui avaient créé les vieilles civilisations asiatiques. Ce furent les empires de la steppe qui inconsciemment mais sûrement assurèrent un contact durable entre ces diverses cultures originales et se trouvèrent finalement conférer ainsi à l'histoire de l'Asie son unité.

Chapitre II
Les anciennes civilisations de l'Asie antérieure

La Mésopotamie archaïque : Sumer et Akkad

Le paléolithique le mieux représenté de l'Asie Antérieure est jusqu'ici celui de Palestine. La Palestine possède aussi une culture mésolithique locale, le *natoufien* (vers 12000 av. J.-C. ?), et une culture énéolithique propre, le *tahounien*.

Plus à l'est la plus ancienne culture jusqu'ici découverte est une culture néolithique, remontant sans doute au Ve millénaire, la culture dite *pré-Obeid* qui est représentée en Iran (dernières fouilles de Tépé-Hissar près de Damghan et de Tépé-Sialk près de Kachan) et en Haute Mésopotamie (fouilles de Tell-Halaf sur le Khabour). Vient ensuite dans les mêmes régions la *culture d'Obeid* (entre 4000 et 3400 ?) qui dut avoir, elle aussi, son centre de dispersion en Iran (Tépé-Giyan près de Néhavend, Persépolis, etc.) et en Susiane Tépé-Moussian, Suse I), mais qui se répandit également en Basse Mésopotamie où elle est notamment attestée à Tell el-Obeid (près d'Our), site qui a donné son nom à l'ensemble du groupe. En effet la Basse Mésopotamie, qui jusque-là avait été pratiquement inhabitable (c'était un immense marécage), voyait son sol s'assécher et, en raison de sa fertilité naturelle, commençait à attirer les colons descendus de la région supérieure. L'outillage était en pierre et en os avec une belle céramique à décor de losanges et de triangles. A la fin de la période, à Suse (*Suse I*), ce décor s'enrichit d'élégantes stylisations sur des thèmes d'ibex ou d'échassiers. Dans cette dernière phase on voit apparaître le cuivre, sans doute importé du Caucase.

On voit ensuite se succéder en Mésopotamie la période d'Ourouk (vers 3400-3200 ?) et celle de Djemdet-Nasr (vers 3200-3000 ?). La première est caractérisée par la construction de temples en briques crues et par l'invention de l'écriture, les fameux *caractères cunéiformes* dont les plus anciens spécimens sont de simples pictogrammes. La culture de Djemdet-Nasr, également attestée à Suse (*Suse II*), nous a livré des fondations de palais qui révèlent l'institution de la royauté. La population employait un char à deux roues traîné par des ânes ou par des bœufs (le cheval était encore inconnu). Malgré la présence d'objets de luxe en cuivre le fond de l'outillage restait pratiquement néolithique. Par ailleurs nous savons que la Mésopotamie à l'époque de Djemdet-Nasr se trouvait en relations commerciales avec l'Egypte thinite.

Au moment où débute ainsi la protohistoire, la Basse Mésopotamie est habitée par les *Sumériens*, « brachycéphales à tête globuleuse, au front bas, au nez proéminent, en bec d'aigle » qui semblent avoir donné au pays sa civilisation, sans doute apportée des montagnes du Nord ou du Nord-Est.

Vers 2950 ou 2775, suivant les systèmes chronologiques, commença en pays sumérien la Ire dynastie de la ville d'Our. Cette maison aurait été détruite par les gens de Lagach (aujourd'hui Tello), autre ville sumérienne dont les victoires sont commémorées dans la célèbre *Stèle des Vautours*, au Louvre. Vers 2725 ou 2584 un des chefs sumériens, Lougalzagisi, qui mit sa capitale à Ourouk, étendit sa domination du golfe Persique à la Méditerranée. Mais il fut renversé par l'autre population de la Mésopotamie, les gens d'*Akkad*, tribus de race sémitique qui habitaient le nord du pays. Pendant plusieurs siècles, les gens d'Akkad au nord, les gens de Sumer au sud se partagèrent ou se disputèrent la future Babylonie et, au cours de cette longue cohabitation, ils s'influencèrent réciproquement au point d'élaborer une civilisation mixte.

Un des princes du pays d'Akkad, Charroukên, ou Sargon l'Ancien (vers 2584-2530), est le premier conquérant sémite connu : il étendit son empire vers l'ouest jusqu'au Liban et au plateau d'Asie Mineure, et vers l'est jusqu'en Elam (Suse). Son 3e successeur, Naram-Sin (vers 2507-2452), nous a laissé une élégante stèle commémorant une expédition dans les montagnes du Diyarbékir. Puis l'hégémonie revint aux Sumériens (IIIe dynastie d'Our, vers 2328-2220). On place vers cette époque (vers 2400), le règne local de Goudea, *patesi* ou prince de Lagach (Tello), en pays sumérien, dont nous possédons au Louvre de robustes statues-portraits, d'un réalisme sobre et ferme. Qu'il s'agisse de statues de cet ordre, de reliefs ou de dessins pour cachets sur cylindres, l'art suméro-akkadien de ce temps fait preuve, — sans doute sous l'influence proprement sumérienne —, d'un naturalisme d'observation et de facultés créatrices qu'on ne retrouvera plus par la suite (voir les têtes de taureaux, déjà si puissantes et belles, de la tombe de la reine Choubad, à Our, vers 3000).

C'est au même milieu que nous devons *le plus ancien poème épique de l'humanité, le poème de Gilgamêch*, dont la première version connue — qui est en sumérien — remonte à la fin du IIIe millénaire.

La Babylonie

Le pays d'Akkad tomba ensuite au pouvoir des Amorrhéens, peuple sémitique originaire de la Syrie. En 2105 les Amorrhéens fondèrent une dynastie à Babylone, ville jusque là obscure, mais qui devint avec eux la capitale de la Mésopotamie. Le principal souverain de cette maison fut Hammourapi (2003-1961) qui établit sur toutes les cités, tant sumériennes qu'akkadiennes, une véri-

Chapitre Premier

table centralisation, avec une religion d'Etat commune (en faveur de Mardouk, le dieu de Babylone) et une législation commune aussi (le « code de Hammourapi »). Le sémitique akkadien devint la seule langue officielle, à l'exclusion du sumérien, réduit au rôle de langue sacrée et qui ne tarda pas à disparaître. Le pays de Sumer et le pays d'Akkad furent désormais fondus en une unité historique permanente, de caractère nettement sémitique, la Babylonie. Par ailleurs, l'art de ce temps témoigne d'une technique sûre, encore que le souffle créateur des vieux Sumériens ait disparu (« l'artiste akkadien, puis babylonien prendra un moindre intérêt aux formes et à l'anatomie qu'au décor et à l'ornement »).

En Phénicie l'influence de la Mésopotamie rencontrait celle de l'Egypte, comme le prouvent les récentes fouilles d'Ougarit (Ras-Shamra), en l'espèce l'étage d'*Ougarit II*, contemporain de la XIIe dynastie pharaonique (2000-1788) et qu'il faut déjà rapporter au peuple sémite des Phéniciens. Plus tard, au XIVe siècle les Phéniciens d'Ougarit dégageront, des cunéiformes mésopotamiens, une première ébauche d'*écriture alphabétique*.

Cependant les invasions indo-européennes étaient commencées. L'axe de dispersion des Indo-Européens semble avoir suivi une diagonale allant de l'Allemagne du Nord à la Russie méridionale. Eleveurs de chevaux, ils possédaient de ce fait une supériorité marquée sur les empires de l'Asie Antérieure qui ne connaissaient que la charrerie à ânes ou à bœufs. Une première vague indo-européenne, celle des Louwites, était arrivée d'Europe en Asie Mineure par le Bosphore vers 2500. Vers 2000 se produisit par la même voie une nouvelle migration, celle des éléments indo-européens qui vinrent organiser au centre de l'Anatolie, en Cappadoce, le peuple indigène (« asianique ») du Hatti, les Hittites. Pendant toute la durée de l'empire hittite on y verra coexister la langue indo-européenne des conquérants et les parlers asianiques des populations antérieures. D'autres tribus indo-européennes plus nombreuses, venues d'Europe en Asie soit par le Caucase soit par le Turkestan occidental, les Arya ou Indo-Iraniens, occupèrent le plateau de l'Iran, d'où une partie d'entre elles descendirent à l'est dans la plaine indo-gangétique. Quelques-uns de ces clans indo-iraniens vinrent à l'ouest s'imposer à titre d'aristocratie dominante aux Hourrites (l'ancien Hourri correspond au Diyarbékir actuel) et aux Kassites ou montagnards du Zagros (l'actuel Louristan). Ces mouvements de peuples eurent leur contre-coup en Babylonie. En 1806, Babylone fut surprise et pillée par les Hittites. En 1746 elle fut conquise par les Kassites qui en restèrent maîtres pendant cinq cent soixante-quinze ans (1746-1171).

Hourrites, Hittites et pharaons

Au XVIe siècle avant J.-C. nous assistons dans le Proche Orient à l'expansion des Hourrites, ce peuple asianique que nous avons vu organisé par une aristocratie indo-européenne et qui occupait le Hourri proprement dit (Diyarbékir, jusque vers Orfa ?) et le Mitanni (région d'Orfa et de Harran et haut Khabour ?). Les Hourrites à cette époque avaient imposé leur suzeraineté à l'Assyrie et à la Syrie du Nord. Le protectorat de ce dernier pays leur fut disputé par l'Egypte sous les pharaons conquérants de la XVIIIe dynastie, notamment par Thoutmosis III (1483-1448). Puis les deux cours s'allièrent, le pharaon Thoutmosis IV (1420-1405) ayant épousé la fille du roi mitannien Artatâma Ier, et elles se partagèrent l'hégémonie du Levant, — la Palestine et la Syrie centrale relevant des Egyptiens, et la Syrie du Nord des Mitanniens.

Mais Mitanniens et Egyptiens étaient maintenant les uns et les autres menacés par une troisième puissance, l'empire hittite d'Anatolie. Les fouilles entreprises autour de la capitale hittite, Hattous (Boghazkeui), et dans les autres villes de Cappadoce nous montrent que la civilisation hittite avait alors atteint son apogée, quoique le caractère composite de ses éléments se laissât toujours discerner : cadres politiques indo-européens ayant imposé leur langue à l'Etat, mais à côté desquels les populations sujettes conservaient leurs parlers asianiques ; écriture cunéiforme empruntée à la Mésopotamie, mais à côté de laquelle figurent des hiéroglyphes particuliers au hittite ; art assez personnel et large, mais dérivé en grande partie de l'art de Sumer comme il était destiné à influencer lui-même l'art assyrien, etc. Le roi hittite Souppiliiouma (v. 1388-1347) profita de l'affaiblissement des Mitanniens et des troubles intérieurs de l'Egypte après la mort d'Aménophis IV (1352) pour établir sa suzeraineté sur le Mitanni et la Syrie du Nord. Son troisième successeur, Mouwatallou, et le pharaon Ramsès II se disputèrent l'hégémonie de la Syrie à la grande bataille de Qadêch près

Chapitre Premier

de Horns (1294). De guerre lasse, Ramsès II en 1278 conclut la paix avec le roi hittite suivant, Hattousil III, paix qui laissait la Syrie du Nord aux Hittites, la Palestine et la Phénicie à l'Egypte.

Notons que sur le sarcophage d'un prince phénicien, Ahiram, roi de Goubla (Byblos, Djébail), qui était le contemporain et le vassal de Ramsès II, on a trouvé la plus ancienne inscription connue en caractères phéniciens. Les commerçants et navigateurs-nés qui étaient les Phéniciens venaient en effet, pour les besoins de leur négoce, de tirer des hiéroglyphes égyptiens cet instrument simplifié que sont les caractères alphabétiques.

L'empire égyptien et l'empire hittite furent simultanément ruinés par de nouvelles invasions et migrations indo-européennes qui étaient en partie le fait des Achéens, tribus proto-helléniques dont le centre principal, comme le veut la tradition homérique, paraît avoir été à Mycènes et qui s'étaient déjà établies sur la côte méridionale de l'Anatolie et à Chypre. Les Achéens et d'autres « Peuples de la mer » attaquèrent même l'Egypte sur les côtes du Delta et furent refoulés à grand'peine par les pharaons Mernephtah (1228) et Ramsès III (1192). Vers 1180, d'après la date traditionnelle, les Achéens auraient détruit la sixième ville de Troie, la Troie homérique. Vers la même époque les Thraco-Phrygiens, autre nation indo-européenne d'Europe, passèrent le Bosphore, détruisirent l'empire hittite d'Anatolie et s'installèrent à sa place en Phrygie et en Cappadoce. Notons que, comme conséquence de ces remous de peuples, on vit s'établir dans l'Asie Antérieure l'âge du fer, métal déjà connu à titre exceptionnel et précieux, mais dont, à partir de 1100, l'emploi se généralisa dans ces régions. Par ailleurs, dans le désordre qui marqua au Sinaï et dans la Syrie méridionale la chute de l'empire égyptien sous les coups des « Peuples de la mer », une des nations sémitiques, celle des Israélites qui nomadisait dans les déserts de l'Arabie Pétrée, commença à s'établir en Palestine où elle adopta la vie sédentaire et où elle se différencia des autres Sémites en tendant vers un monothéisme de plus en plus net. Enfin d'autres clans de Sémites nomades les Araméens, occupèrent au XIe siècle une grande partie de la Syrie (Damas, Hama) et commencèrent à s'infiltrer par le sud en Babylonie où leur langue, l'araméen, allait finir par supplanter l'akkadien.

L'empire assyrien

Après la chute de la longue domination kassite (1171), la Babylonie, bien qu'ethniquement rénovée par l'infiltration de l'élément araméen, ne put recouvrer l'hégémonie en Mésopotamie. Ce rôle passa à un autre peuple sémitique, d'ailleurs partageant la même civilisation, les Assyriens (région de l'actuel Mossoul). Héritiers de la vieille culture suméro-akkadienne, les Assyriens du XIe au VIIe siècle avant J.-C. se révélèrent comme le peuple le plus belliqueux de l'ancien Orient. Leur forte monarchie militaire faillit réaliser avant les Perses l'unité politique de ces régions.

Le premier conquérant assyrien, Téglat-phalasar Ier (1116-1090), guerroya dans le Diyarbékir et poussa jusqu'à la Méditerranée, mais après lui l'expansion assyrienne se ralentit. Pendant cet entr'acte, les Israélites, en Palestine, se donnèrent une royauté (vers 1044). Leur deuxième roi, David (1029-974), qui prit Jérusalem comme capitale, imposa son hégémonie à la Syrie centrale. Lui et son fils Salomon (v. 973-933) entretinrent des relations commerciales étroites avec les Phéniciens, particulièrement avec le roi de Tyr Hiram Ier (980-936). C'était en effet l'époque de la grande expansion commerciale et coloniale phénicienne, avec création de comptoirs à Chypre, à Malte et sur tout le littoral de l'Afrique du Nord (fondation de Carthage à la fin du IXe siècle). Quant aux Israélites, leur hégémonie en Syrie ne survécut pas au partage de leur Etat en deux monarchies ennemies, le royaume d'Israël au nord (capitale Samarie), le royaume de Juda au sud (capitale Jérusalem) (932).

Cependant la monarchie assyrienne avait repris sa marche conquérante. Le roi d'Assyrie Assournâtsir-apli II (884-860) vainquit les Babyloniens, soumit le nord-ouest de la Mésopotamie et pénétra en Syrie septentrionale. Son fils Salmanasar III (859-824) guerroya en Syrie centrale contre les Araméens de Damas et contre le royaume d'Israël. Téglatphalasar III (745-727) annexa Damas (732) et la Babylonie (729). Sargon II, son fils cadet (722-705) prit Samarie, capitale du royaume d'Israël et détruisit cet Etat (722). Vers le nord il lutta contre l'Ourartou, royaume asianique situé dans l'Arménie méridionale, près du lac de Van. Au nord-ouest sa suzeraineté s'étendit jusqu'au Qizil-Irmak, à l'ouest duquel commençait le royaume des Mouskhi ou Phrygiens. Pour éterniser sa gloire, il fonda à l'est de sa capitale, Ninive, le palais de Doûr-Charroukîn (Khorsabad). Sennachérib (705-681), fils de Sargon, chassa de Babylone un prince araméen qui s'en était emparé. Assarhaddon (680-669), fils de Sennachérib, fit deux expéditions en Egypte et soumit momentanément ce pays à son protectorat. Son fils, Assourbanipal (668-626), détruisit le royaume d'Elam (prise de Suse, v. 640).

A l'époque d'Assourbanipal l'empire assyrien était parvenu à son apogée. Sa capitale, Ninive, héritière de toute la civilisation babylonienne, s'enorgueillissait d'une bibliothèque renfermant le trésor de l'antique littérature suméro-akkadienne. Dans le domaine de l'art aussi, l'Assyrie continuait Akkad et Sumer. Les bas-reliefs de Ninive et de Khorsabad témoignent, dans les scènes de chasse et de guerre, d'une remarquable vigueur. L'art animalier surtout est d'un réalisme puissant (« la lionne blessée »). Dans le domaine politique, l'armée assyrienne était devenue l'instrument de guerre le plus perfectionné que le monde ait encore connu. Depuis Sargon II la cavalerie, arme nouvelle, y doublait la charrerie. Mais à la différence des Perses, leurs successeurs, les Assyriens ne surent régner que par la terreur (boucheries systématiques, vaincus empalés ou écorchés vifs), et, malgré la richesse de leur civilisation matérielle, leur civilisation morale était en régression sur celle de leurs prédécesseurs suméro-akkadiens.

L'empire assyrien fut ébranlé par de nouvelles invasions de nomades indo-européens : les Cimmériens, de race thraco-phrygienne, et les Scythes, de race iranienne, sortis les uns et les autres des steppes de la Russie méridionale, ravagèrent l'Asie Mineure et l'Ourartou et vinrent déferler jusqu'aux frontières assyriennes. A la faveur du désordre général, la Babylonie fit une fois de plus sécession sous Nabopolassar (626-605). Enfin en Iran, la principale nation iranienne, celle des Mèdes, s'était constituée en royaume unitaire. Le roi des Mèdes, Cyaxare (Ouvakhchatra), et le roi de Babylone, Nabopolassar, formèrent une coalition contre l'Assyrie épuisée et, en 612, ils détruisirent Ninive.

Mèdes, Babyloniens et Lydiens

L'empire assyrien une fois détruit, les vainqueurs se partagèrent ses dépouilles. Les Mèdes prirent pour eux l'actuelle Arménie (où les Arméniens historiques, de race thraco-phrygienne, étaient en train de remplacer les anciens habitants de l'Ourartou) ; les Babyloniens occupèrent l'Assyrie propre, la Mésopotamie occidentale, la Syrie et la Palestine. Le roi de Babylone Nabuchodorosor II (605-562) détruisit le royaume de Juda (prise de Jérusalem et « Captivité de Babylone », 586). De son côté le roi des Mèdes, Cyaxare, soumit l'Anatolie orientale jusqu'à l'Halys, la partie occidentale de la péninsule formant le royaume de Lydie dont la capitale, Sardes, enrichie par le commerce avec le monde grec, était devenue sous la dynastie des Mermnades (687-546) une des plus opulentes cités de ce temps.

L'empire perse achéménide

En 549 les Mèdes (habitants de l'Irâq-Adjémî actuel, région d'Ecbatane, l'actuel Hamadhân) furent remplacés dans l'hégémonie des nations iraniennes par un autre peuple de même race, les Perses (habitants du Fârs actuel, région de Persépolis près de Chîrâz). Le roi des Perses, l'achéménide Cyrus (Kourach) (549-529), à qui était due cette révolution, ajouta encore aux domaines médo-perses le royaume de Lydie dont le roi, le célèbre Crésus, fut fait prisonnier (546), puis la Babylonie, conquise en 539. A l'est il soumit tout l'Iran oriental. Son fils, Cambyse (Kamboudjiya) (529-521) conquit l'Egypte (525). L'empire perse, ainsi étendu à toute l'Asie Antérieure, était constitué dans ses limites historiques. Le troisième grand-roi achéménide, Darius Ier (Dariyawaouch) en fut l'organisateur (521-486). Il divisa l'immense empire en vingt satrapies avec une administration ordonnée et équitable, des finances régulières, un régime tolérant et relativement libéral pour les divers peuples sujets, pour leurs religions et leurs cultures propres, infiniment plus humain que le dur régime assyrien. La *Paix Achéménide* assura au vieil Orient, de l'Indus au Bosphore, de l'Iaxartes (Sirdarya) à la frontière méridionale de l'Egypte, deux siècles d'une tranquillité que le monde n'avait jamais connue (539-330). Les échecs de Darius, puis de son fils Xerxès (Kchayarcha) (485-464) dans leurs tentatives contre la Grèce (Marathon, 490 ; Salamine, 480) n'ébranlèrent pas cette prospérité. Les capitales achéménides, Persépolis et Suse, attestent d'ailleurs la richesse de la civilisation perse, avec un art qui se montre, dans la sculpture notamment, l'héritier des meilleures traditions assyro-babyloniennes. C'est cet art assyrien allégé qu'avec une influence hellénique diffuse la Perse achéménide transmettra (en partie posthumément) à l'Inde.

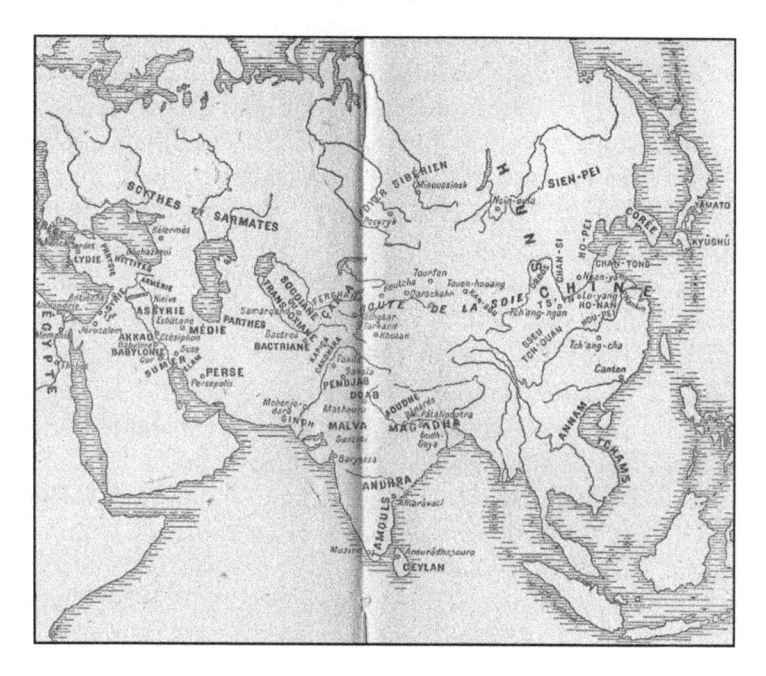

Carte 1. — L'Asie dans l'Antiquité

La religion iranienne primitive reposait sur une mythologie très proche de la mythologie indienne à l'époque des *Vêda* (voir page 27). Elle fut épurée par un réformateur nommé Zarathouchtra (Zoroastre) que la chronologie traditionnelle situe approximativement vers l'époque mède (VIIe-VIe siècles). La doctrine de Zarathouchtra, contenue dans les livres sacrés de l'*Avesta*, enseigne un dualisme spiritualiste reposant sur la lutte d'un Dieu bon, Ahoura Mazdâh (Ormuzd), et d'un génie du mal, Angra Mainyou (Ahriman). Il ne semble pas d'ailleurs que la réforme zoroastrienne ait été déjà adoptée officiellement par l'Etat perse à l'époque achéménide.

Chapitre III
L'Inde et la Chine archaïques

L'Inde et l'occupation aryenne

On a découvert depuis 1921 dans l'Inde du Nord-Ouest, à Harappa (au Pendjab) et à Mohenjo-daro (dans le Sind), une puissante civilisation urbaine protohistorique, de caractère énéolithique et dont les synchronismes attestés avec la Mésopotamie permettent de placer l'apogée entre 2800 et 2500 avant J.-C. Cette civilisation semble en effet se relier par le Béloutchistan à celles de la Susiane et du monde sumérien. Elle nous a livré des cachets avec une écriture pictographique particulière et avec des représentations d'animaux indigènes dont le naturalisme rappelle l'art suméro-akkadien.

Vers le XIIIe siècle avant J.-C. l'Inde du Nord-Ouest (Pendjab) fut envahie par les Indo-Européens, en l'espèce par la branche orientale des Arya ou Indo-Iraniens. Les Indiens, ainsi descendus de l'Iran dans l'Inde, étaient donc les frères des Iraniens (Mèdes, Perses, etc.), qui étaient restés en Iran. Leur langue la plus archaïque, *le sanscrit védique*, restait très proche des anciennes langues iraniennes, le « vieux-perse » des inscriptions achéménides, l'avestique des textes zoroastriens. C'est dans cette langue qu'ont été oralement fixés (entre 1500 et 1000 avant J.-C. ?), les recueils sacrés des *Vêda*, « la Bible de l'Inde », lesquels se composent d'hymnes, souvent d'une large poésie, et de formulaires rituels pour le sacrifice. Les dieux du panthéon védique — Indra, Varouna, Soûrya le soleil, Ouchas l'aurore, Agni le feu, Roudra l'ouragan —, étaient pour la plupart des divinités atmosphériques de caractère assez flottant.

Les Ârya conquirent d'abord le bassin de l'Indus, puis le bassin du Gange et enfin le nord du Dékhan sur des populations brunes qui appartenaient à deux groupes linguistiques différents : les *Mounda* et les *Dravidiens*. Les Mounda furent relégués dans quelques districts sauvages de l'Inde orientale. Les Dravidiens au contraire devaient conserver tout le sud du Dékhan. Mais bien qu'ayant maintenu leurs dialectes, ils adoptèrent par la suite les religions et les institutions sociales des Ârya. Quant aux conditions politiques dans lesquelles s'effectuèrent la conquête et la pénétration aryennes et aux guerres des tribus aryennes entre elles, on en chercherait vainement l'écho authentique dans les énormes épopées sanscrites, *Mahâbhârata* et *Râmayâna* qui ne doivent remonter qu'aux environs de notre ère. (entre le IVe siècle avant J.-C. et le IVe siècle de notre ère).

Brahmanisme et bouddhisme

Vers l'époque où les Ârya s'installèrent dans le bassin du Gange, leur religion se modifia. Le védisme devint le brahmanisme. La classe sacerdotale des brahmanes qui s'était réservé le monopole du sacrifice védique, se subordonna tout au moins en dignité la classe des guerriers (*kchatriya*) et celle des agriculteurs (*vaiçya*), ces deux classes étant elles-mêmes superposées à la classe inférieure des *çoudra* où furent en principe reléguées les populations vaincues. Ainsi fut progressivement créé le système des castes, destiné d'une part à sauvegarder la pureté du sang aryen menacé par le métissage avec les aborigènes, d'autre part à préserver les privilèges sociaux de la caste sacerdotale. Au point de vue philosophique les brahmanes, à l'époque post-védique (littérature des *Brâhmana* et des *Oupanichad* entre 800 et 500), dégagèrent la notion d'un absolu cosmique, le *brahman*, bientôt proclamé identique au moi profond de l'homme (*âtman*), lequel se résout finalement ainsi dans le *brahman-âtman*, c'est-à-dire dans le Soi universel, âme des âmes et des mondes. L'ascèse brahmanique dériva de ces principes. Pour retrouver la divinité, l'essence cosmique au fond de leur cœur, les sages, renonçant au monde, allèrent dans les ermitages forestiers mener la vie contemplative, l'existence de *yogi*.

A côté de ce monisme spiritualiste qui représente la doctrine ésotérique du brahmanisme, les brahmanes surent s'adapter les religions populaires. Celles-ci se groupaient en deux obédiences : sectes çivaïtes, sectes vichnouites. Dans les premières le dieu Çiva, dans les secondes le dieu Vichnou (auquel se rattacha à titre d'*avatar* le demi-dieu Krichna) étaient des divinités personnelles, objets du piétisme des foules et dotées d'une riche légende (manifestations bienveillantes ou féroces de Çiva, *avatars*, c'est-à-dire incarnations de Vichnou). Sous l'influence de la théologie brahmanique, leurs fidèles respectifs les identifièrent l'un et l'autre au dieu total ou *brahman*. Le monisme philosophique des brahmanes put ainsi s'accorder avec le polythéisme foisonnant des foules. C'est à cet ensemble de hautes spéculations métaphysiques et de dévotions populaires souvent fort étranges et primitives qu'on a donné le nom d'hindouisme.

Ajoutons à cette esquisse le dogme de la métempsycose ou transmigration des âmes (*samsâra*), universellement accepté par les diverses sectes indiennes sans exception.Ce dogme détermina l'orientation de toutes les écoles philosophico-religieuses. La théologie brahmanique officielle (*oupanichad* et, plus tard, *vêdânta*) n'eut d'autre but que d'affranchir l'âme de la transmigration en l'identifiant à l'Absolu. Quant au bouddhisme, il allait rechercher une autre issue en obtenant l'extinction (*nirvâna*) pure et simple de la personnalité transmigrante.

Contre le brahmanisme philosophique où contre l'hindouisme populaire réagirent en effet deux religions dissidentes, le djaïnisme et le bouddhisme. Le premier, dont la fondation est traditionnellement attribuée à Mahâvîra (v. 540-468), est une ascèse fondée sur une sorte de monadologie et destinée à libérer du monde de la transmigration l'âme individuelle. Le bouddhisme est plus élaboré. Son fondateur, le Bouddha Çâkyamouni (563-483), était un jeune noble de la région népalaise qui avait renoncé au monde pour mener la vie érémitique. Après de longues macérations il en comprit l'inutilité et, sous l'Arbre de la *Bodhi*, à Gayâ, au sud de Patna, il parvint à « l'illumination », il discerna la voie du salut pour tous les êtres : le monde n'était qu'un torrent d'impermanence se résolvant en douleur. Pour s'en délivrer, pour échapper au cycle éternel des renaissances, au monde de la transmigration (*samsâra*), il importait avant tout d'éteindre « la soif du moi » qui provoque les renaissances, d'éteindre le moi, extinction qui est proprement le *nirvâna*. Le Bouddha prêchait à cet effet la lutte contre les passions, l'immolation de l'individu à tous les êtres, l'universelle charité envers les créatures, hommes ou animaux. Sa doctrine, métaphysiquement négative, aboutissait dans la pratique à une morale toute de renoncement, de charité, de chasteté et de douceur, ou, comme disent les Indiens, à la non-violence (*ahimsâ*). Ce fut la première en date des religions universelles.

L'Eglise (*sangha*) bouddhique fut essentiellement constituée par une communauté de moines (*bhikchou, çramana*) réunis en monastères (*vihâra*), et autour desquels se groupaient des tiers-ordres de zélateurs laïcs. Le bouddhisme fut prêché, du vivant de son fondateur, dans le Magadha (Sud-Bihar), à Bénarès et dans l'Aoudhe, d'où il devait se répandre progressivement dans le reste de l'Inde.

Notons en particulier l'élément de poésie, d'une tendresse franciscaine, que constituèrent pour la littérature et pour l'art les légendes sur les vies antérieures (*djâtaka*) du Bouddha au cours de ses pré-incarnations successives sous diverses formes humaines ou animales : le roi des cerfs qui s'immole pour sa harde, le lièvre qui se jette dans le feu pour nourrir un brahmane affamé, le roi des éléphants qui offre ses défenses à son meurtrier, etc.

Les origines chinoises

L'homme est très ancien en Chine. On a découvert en 1929 à Tcheou-k'eou-tien, près Pékin, les ossements du *Sinanthropus Pekinensis*, intermédiaire, semble-t-il, entre le Pithécanthrope et l'homme quaternaire proprement dit. Le niveau où repose le *Sinanthropus* nous montre qu'il est antérieur au dépôt de l'énorme masse de lœss éolien la « terre jaune » — accumulée depuis le quaternaire dans la majeure partie de la Chine du Nord. Les cultures successives du paléolithique ultérieur, enterrées aux diverses couches du lœss, figurent également dans la même région ; puis vient le néolithique, postérieur, lui, à la constitution du lœss.

Quant aux Chinois proprement dits (que nous entrevoyons dès la protohistoire), leur patrie semble devoir être recherchée dans la « Grande Plaine » de lœss et d'alluvions qui s'étend dans le bassin inférieur du fleuve Jaune, du Ho-nan au Ho-pei. Loin d'être venus par migration de l'Ouest, comme on l'a un moment imaginé, ils se présentent comme des autochtones, en liaison ethnique et linguistique avec les groupes avoisinants : d'après divers savants, le chinois serait apparenté au thaï (siamois, etc.) et plus lointainement aux langues tibéto-birmanes Les Proto-Chinois se différencièrent des populations congénères restées « barbares », en adoptant, sur cette terre prédestinée qu'est la Grande Plaine, la vie sédentaire agricole. De la Grande Plaine, ou, plus précisément, de la région merveilleusement fertile autour de l'actuel K'ai-fong, la civilisation agricole, qui est proprement la civilisation chinoise, dut gagner lentement toute la Chine du Nord, en progressant vers les terres encore marécageuses du Ho-pei et les terrasses de lœss du Chan-si au nord, vers les gorges du Chen-si à l'ouest, vers les forêts du Houai-ho et du bas Yang-tseu au sud.

Sur cette période primitive la tradition chinoise n'a conservé que des légendes. Telles sont celles qui ont trait aux « Trois Souverains » et aux « Cinq Empereurs », personnages mythiques auxquels sont attribués l'invention des semailles et du labourage, l'assèchement des marais, l'endiguement des fleuves et le défrichement des forêts. Des découvertes archéologiques récentes (depuis 1925) nous ont livré dans les provinces du Ho-nan et du Kan-sou une belle céramique peinte néolithique à décor de spirales, représentée notamment à Yang-chao (Ho-nan) et à Pan-chan (Kan-sou). Cette céramique qui paraîtrait dater des environs de 1700-1500 avant J.-C. ne présente que peu d'affinités avec la décoration chinoise de l'époque historique, mais en revanche montre de curieuses analogies avec le décor de l'Ukraine et de la Roumanie protohistoriques, voire avec le décor égéen et mycénien, ce qui a fait imaginer un cheminement des motifs depuis la mer, Noire jusqu'au Kan-sou à travers les steppes. Quant au bronze, on imagine qu'il aurait été introduit en Chine vers 1400 sous l'influence des bronziers sibériens.

D'après la tradition les deux premières dynasties royales chinoises furent celle des Hia (dates traditionnelles, 1989-1558 ?) et celle des Chang, ou Yin (1558-1050 ?). Une des dernières capitales des Chang a été découverte à Ngan-yang, dans le nord du Ho-nan. Les fouilles exécutées depuis 1928 y ont mis au jour de grandes tombes royales. Ces tombes nous ont livré d'admirables bronzes rituels, d'une puissance architecturale et d'une splendeur inégalées et qui nous apprennent qu'à cette lointaine époque (XIVe-XIIe siècles avant J.-C.) la typologie et le décor traditionnels des vases de bronze chinois avec leur rythme de lignes et de dragons et leur faces de monstres (*t'ao-t'ie*) si solidement équilibrés, étaient déjà constitués en leurs traits essentiels. Les vases de bronze des époques suivantes (époques dites Yin-Tcheou XIIe siècle, Moyen-Tcheou IXe-VIIIe, Royaumes Combattants VIe-IIIe) ne représenteront qu'une évolution de ces grands thèmes originaux, créés une fois pour toutes dès la protohistoire. Ngan-yang nous a également livré des inscriptions avec des caractères chinois très archaïques, encore proches des pictogrammes, c'est-à-dire proches du dessin figuratif dont les caractères ne sont qu'une schématisation de plus en plus abstraite.

La dynastie Chang fut renversée (vers 1050 avant J.-C. ?) par une maison vassale, celle des Tcheou dont le fief était situé au Chen-si, mais qui en 770 transporta sa résidence au Ho-nan. A partir de cette dernière date, les Tcheou furent réduits au rôle de rois fainéants, tandis que le territoire chinois — c'est-à-dire, à cette époque, la Chine du Nord jusqu'au Yang-tseu — était partagé et disputé entre une dizaine dé principautés féodales. A partir de 335-320 avant J.-C., la plupart des princes féodaux prirent eux-mêmes le titre de rois (*wang*). Ce fut la terrible époque des « *Royaumes Combattants* », marquée par des massacres de populations dignes de l'Assyrie. Au cours de ces guerres, la charrerie chinoise se doubla, à partir de 300 avant J.-C., d'une cavalerie véritable, imitée de la cavalerie des Huns, ce qui entraîna une modification dans le costume chinois (substitution du pantalon à la robe) et peut-être l'adoption de certains motifs artistiques (agrafes et plaques d'équipement et de harnachement avec motifs animaliers stylisés).

Entre 230 et 221 avant J.-C. le chef d'un des « royaumes combattants », le roi de Ts'in, pays qui correspond au Chen-si actuel, détruisit les autres Etats féodaux. Sous le nom de règne de Ts'in Che-Houang-ti, il fonda pour vingt et un siècles (221 avant J.-C. — 1912 A. D.) l'empire chinois historique. « Le César chinois », comme on l'a appelé, unifia en effet, après le sol, les institutions ; il extirpa la féodalité et établit un gouvernement centralisé qui devait survivre à tous les changements dynastiques. Il unifia de même l'écriture, réforme inappréciable pour l'avenir en raison des différences dialectales à travers lesquelles l'identité es caractères chinois constitue parfois le seul truchement commun. Par ailleurs le domaine chinois en 221 ne dépassait guère au sud le cours du Yang-tseu. Ts'in Che-Houang-ti y ajouta la majeure partie de l'actuelle Chine méridionale, y compris la région cantonaise, pays allogènes dont il commença la sinisation. A sa mort (210 avant J.-C.) le grand empereur Ts'in avait, pour toujours, fait la Chine qui, depuis, porte le nom de sa dynastie.

Mais déjà apparaissait aux frontières du Nord la menace hunnique. — Les Huns (Hiong-nou), ancêtres des Turcs et des Mongols, étaient des tribus de pâtres nomades restées fort sauvages et qui transhumaient sans fin à la suite de leurs troupeaux dans les steppes immenses de la Mongolie. Leurs conditions de vie sous un climat excessif, sur une terre ingrate où quand l'herbe se faisait rare la mort du troupeau entraînait la famine pour toute la horde, leur faisaient regarder avec convoitise le richesses du monde chinois. Archers à cheval d'une mobilité déconcertante, ils survenaient en pays sédentaire, sur le *limes* du Chan-si ou du Hopei, pillaient et disparaissaient avant que l'alerte eût rassemblé les garnisons. Pour mettre fin à leurs razzias, Ts'in Che-Houang-ti à partir de 215 fit réunir en une ligne continue les fortifications élevées sur la frontière septentrionale par ses prédécesseurs : ce fut la *Grande Muraille* de Chine qui, au demeurant, n'arrêta jamais durablement les invasions. Rappelons de nouveau à ce sujet l'influence qu'a pu exercer sur l'évolution de l'art chinois l'art de ces Huns, art à motifs animaliers stylisés (combats d'animaux enchevêtrés), servant surtout des agrafes ou à des plaques d'équipement en métal et qui, du reste, était commun à tous les nomades de la steppe depuis les Scythes de la Russie méridionale jusqu'aux Huns de la Haute Mongolie ou de l'Ordos. Il est en effet vraisemblable que cet « art des steppes » a influencé le style des bronzes chinois de l'époque des Royaumes Combattants et des Ts'in.

Les récentes découvertes faites à Pasyryk (dans l'Altaï russe, tombes de 100 avant J.-C.), autour de Minoussinsk (Sibérie centrale) et à Noïn Oula près d'Ourga (Mongolie Extérieure, tombe des environs de notre ère) nous permettent de suivre la diffusion de l'art animalier stylisé des steppes depuis la Russie méridionale jusqu'à l'Ordos et à la Muraille de Chine.

La pensée chinoise

C'est pendant la période féodale qui avait précédé l'avènement de l'empereur Ts'in et en particulier durant la terrible époque des Royaumes Combattants que la pensée chinoise s'était constituée.

La pensée chinoise antique est dominée par le sentiment de la solidarité entre l'ordre humain et l'ordre de la nature, sentiment dont l'origine doit être recherchée dans le rythme de la vie paysanne lié au rythme des saisons. Au sommet, le Seigneur d'En-Haut, l'Auguste Ciel (*Houang-t'ien*, *Chang-ti*), régulateur de l'ordre naturel. Le roi est son collaborateur humain et, à ce titre, règle les travaux de l'agriculture (établissement du calendrier, labourage du printemps, etc.). Les cultes primitifs sont des cultes agraires destinés à assurer la concordance de la terre avec le ciel, indispensable à cette société agricole. Aux diverses dates du cycle saisonnier, le culte des ancêtres continue à associer les morts aux travaux des vivants avec les sacrifices aux « tablettes » ancestrales, sacrifices nécessaires pour nourrir les mânes (en l'espèce pour nourrir le *houen* ou âme supérieure du mort, tandis que son âme inférieure, le *p'ouo*, a suivi le cadavre). Ordre humain et ordre cosmique furent de la sorte conçus à l'image l'un de l'autre. Leur concordance fut garantie par l'accomplissement minutieux des rites qui acquirent du coup une portée civique et chez l'individu une portée morale que nous retrouverons à l'époque historique dans le confucéisme des lettrés.

Ce sont les mêmes préoccupations agricoles et saisonnières qui déterminèrent la division des choses entre deux principes alternants, le *yin* et le *yang*, reposant sur le rythme périodique de la claustration hivernale et des travaux domestiques féminins d'une part, de la belle saison et des travaux des hommes dans les champs d'autre part. Le *yin* représente en ce sens l'humidité, l'ombre, le froid, la rétraction et aussi le principe féminin ; le *yang*, la chaleur, le soleil, l'activité, l'expansion et aussi le principe masculin. L'alternance de ces deux principes, leurs mutations expliquent le cycle de la nature aussi bien que le cycle humain. En clé de voûte, la pensée chinoise place la notion de *tao*, littéralement « la voie », qui est plus exactement l'ordre supérieur qui unit le *yin* et le *yang*, la loi même de leur solidarité, de leur interdépendance et de leur enchaînement sans fin.

C'est au milieu de cet ensemble de conceptions que s'est formée la pensée de K'ong fou-tseu, notre Confucius (v. 551-479). Lui aussi croit à un ordre supérieur auquel l'homme doit collaborer en contribuant à l'ordre social par le perfectionnement de sa propre conduite. La morale confucéenne est donc une morale sociale, toute préoccupée d'ordre et d'harmonie dans l'Etat. C'est un civisme en communion avec l'ordre cosmique.De là l'importance attribuée à l'observation des rites qui manifestent notre bonne volonté de collaboration aux lois de la nature. Ajoutons que la morale de Confucius est ennoblie par l'accent qu'il met sur la pratique du *jen*, c'est-à-dire sur l'altruisme, sentiment d'humanité qui, même lorsqu'il se cristallisera en formules pour devenir dans le classicisme ultérieur un simple humanisme, n'en constituera pas moins l'idéal d'une société polie, raffinée et douce. Une place à part doit être faite au philosophe Mo-tseu (vers 450-400) qui approfondit cette belle notion du *jen* et prêcha l'amour universel, ainsi que le théisme. Enfin Meng-tseu, notre Mencius (vers 372-289) développa la sagesse confucéenne du « juste milieu ».

Tout différent est le taoïsme ou philosophie du *tao*. Le *tao*, on l'a vu, est le principe supérieur du *yin* et du *yang*, qui trouvent en lui leur unité en même temps que leur impulsion, l'Un qui, en provoquant leur alternance sans fin, s'affirme le moteur du Cosmos, le « continu cosmique » en qui se concilient les contraires, en qui communient tous les êtres et en qui le taoïste, affranchi du temps et de l'espace, affranchi de lui-même, s'identifie au reste de l'univers et, par ce moyen, domine l'univers. Ce monisme mystique a été attribué à Lao-tseu, personnage légendaire qui aurait été contemporain de Confucius (?) Plus historique est Tchouang-tseu († vers 320 avant J.-C.) qui nous a laissé d'admirables méditations métaphysiques d'une ampleur et d'une élévation inégalées. Il est regrettable que par la suite le taoïsme soit redescendu de ces sommets pour retomber trop souvent dans l'alchimie et la thaumaturgie de ses origines.

Chapitre IV
L'Orient gréco-romain, l'Inde gréco-bouddhique et la Chine des Han

L'hellénisation du Proche-Orient : conquête macédonienne et domination romaine

Les Perses achéménides avaient sous leur domination (529-330 avant J.-C.) unifié l'Asie Antérieure. L'Iran, la Mésopotamie, l'Asie Mineure, la Syrie et l'Egypte ne formaient plus, on l'a vu (page 22) qu'un immense empire où races et religions coexistaient pacifiquement sous la tutelle des Iraniens. Mais les Grecs n'avaient pas oublié l'invasion perse ou, comme ils disaient, « les guerres médiques ». En 334 le roi de Macédoine Alexandre le Grand, agissant comme fondé de pouvoirs du monde grec, entreprit la conquête de l'empire perse. Conquête rapidement menée. La victoire du Granique (334) lui livra l'Asie Mineure, celle d'Issos (333) la Syrie et l'Egypte, celle d'Arbèles (331) l'Iran. Mais au cours de sa triomphale expédition son point de vue se modifia. Au début il n'agissait qu'en Hellène, vengeur des guerres médiques. Puis son horizon s'élargit. Sans doute il continua à jalonner de colonies grecques ses nouvelles possessions, depuis Alexandrie d'Égypte jusqu'à Alexandrie-Hérat et Alexandrie-Qandahar en Afghanistan et à Alexandrie-Khodjend au Turkestan. Mais en même temps il se posait en successeur des grands-rois achéménides et entendait associer la race iranienne et la race grecque dans la domination de l'Orient.

Sa mort prématurée (323) arrêta ce plan grandiose. Ceux de ses héritiers qui reçurent en partage la Syrie et l'Iran, les Séleucides (312-84 avant J.-C.), continuèrent du moins son œuvre d'hellénisation (fondation d'Antioche en Syrie et de Séleucie en Babylonie). Mais ils se trouvèrent battus en brèche à partir de 250 par la révolte, dans l'Iran oriental, d'une tribu iranienne, celle des Parthes (Khorassan actuel). Le séleucide Antiochos III (223-187) faillit mettre fin à ces dissidences. Son œuvre de ce côté fut ruinée lors de sa défaite, à l'autre extrémité de son empire, par les Romains (189). Les rois parthes (dynastie des Arsacides) ne tardèrent pas à enlever à ses successeurs (140, 129) non seulement le reste de l'Iran, mais aussi la Babylonie où ils mirent leur capitale à Ctésiphon. L'empire de l'Iran qu'Alexandre avait détruit se trouva donc restauré, quoique dans des limites plus réduites puisque, à la différence des grands-rois achéménides, les rois parthes arsacides ne dépassèrent pas du côté de l'ouest la frontière de l'Euphrate. Ajoutons que jusqu'à leur chute, en 224 de notre ère, ils continuèrent à manifester, tout au moins en surface, un certain philhellénisme.

Pendant ce temps la meilleure partie de l'Asie Mineure (le royaume hellénistique de Pergame) en 133, puis la Syrie à l'extinction des Séleucides, en 64 avant J,-C., étaient annexées par les Romains. Dans le nord-est de l'Anatolie, l'ancien royaume du Pont, un dynaste local de souche iranienne, Mithridate Eupator (121-63), essaya de refouler les Romains. Sa mort permit à ceux-ci d'annexer bientôt le reste de l'Asie Mineure. Il est vrai que quand les Romains voulurent dépasser l'Euphrate et conquérir la Mésopotamie, ils furent arrêtés par les Parthes (désastre de Carrhes, 53 avant J.-C.). L'Asie Antérieure resta partagée entre les Parthes et les Romains, l'Euphrate marquant en principe la frontière et le protectorat de l'Arménie étant disputé entre les deux empires. Les fouilles récentes de Doura-Europos viennent de nous montrer ce qu'était la vie de garnison dans une des places de ce *limes*.

Dans les contrées hellénistiques passées en leur pouvoir (Asie Mineure, Syrie, Egypte) les Romains se comportèrent en défenseurs de l'hellénisme, en continuateurs fidèles de l'œuvre d'Alexandre. L'empire romain, dans cette partie du monde, resta en réalité un empire grec. Ce fut même sous la domination romaine, grâce à la force et à la paix romaines, que l'hellénisme acheva de s'imposer au Proche-Orient. Le plus grand des empereurs romains, Trajan, entreprit la conquête de l'empire parthe et entra en vainqueur dans la capitale parthe, Ctésiphon (116 de notre ère), mais la mort arrêta ses projets. Echec regrettable qui empêcha le monde gréco-romain de communiquer directement, par delà l'obstacle parthe, avec le monde indien et chinois, qui empêcha en particulier le syncrétisme alexandrin d'entrer en contact avec la pensée bouddhique...

Dans l'ensemble le résultat durable de la domination romaine en Asie fut l'hellénisation définitive de la péninsule d'Asie Mineure : l'est et le centre de l'Asie Mineure (Cappadoce, Phrygie, etc.), resteront terres grecques jusqu'en 1081 de notre ère ; l'ouest de la péninsule (Bithynie, Lydie, etc.), jusqu'au XIVe siècle, à l'époque de nos Valois. Au contraire en pays sémitique (Syrie, Palestine, etc.), l'hellénisation fut beaucoup plus superficielle. Déjà le roi séleucide Antiochos IV Epiphane (175-164 avant J.-C.), qui avait voulu obliger les Juifs à s'helléniser, avait échoué. Comme lui, les Romains eurent à faire face à de violentes révoltes juives qu'ils réduisirent par les armes (prise de Jérusalem par Titus, 70 de notre ère). En Syrie il suffit d'une éclipse de l'empire romain après la capture de l'empereur Valérien par les Perses (260 de notre ère, voir page 52) pour que s'improvisât une éphémère domination indigène, romanisée de surface, arabe de fond, avec les princes de Palmyre, Odenath et Zénobie (260-272). Enfin quand la Syrie et la Mésopotamie romaines eurent adopté le christianisme, elles profitèrent, à partir du Ve siècle, de la propagation des hérésies nestorienne et monophysite pour se donner des églises particulières, de culture et de langue syriaques, grâce auxquelles la pensée et la littérature locales échappèrent à l'hellénisme. Cette déshellénisation, cette remontée, en surface, du vieux fond sémitique, c'est déjà l'annonce de la lame de fond musulmane qui, au VIIe siècle, achèvera de détruire en Syrie l'œuvre d'Alexandre le Grand et des Romains.

L'Inde gréco-bouddhique

Alexandre le Grand, après avoir conquis l'empire perse, avait soumis l'Inde du nord-ouest (Pendjab et Sind actuels) (326 avant J.-C.). Mais son passage avait été trop rapide pour laisser de traces. Après son départ (325), un chef indien, Tchandra-goupta (le Sandrocottos des historiens grecs), peut-être inspiré par son exemple, fonda un grand empire indien, *l'empire Maurya* qui eut pour capitale Pâtaliputra (Patna), au Magadha (Sud-Béhar) et qui engloba le bassin du Gange et le bassin de l'Indus, bref toute l'Inde du Nord. Après Tchandra-goupta (321-297), son fils Bindousâra (296-274 environ), puis son petit-fils Açoka (vers 274-236) ajoutèrent encore à l'empire maurya une partie du Dékhan. Ce fut le premier empire pan-indien connu de l'histoire. Son troisième souverain, Açoka, se convertit au bouddhisme. Il fit graver dans toute les provinces de son immense domination des édits rupestres pour prêcher à ses peuples la morale d'universelle charité du Bouddha. Il semble bien que ce soit à son prosélytisme qu'on doive la conversion à la foi bouddhique de l'île de Ceylan d'une part, d'autre part de la vallée du bas Caboul, l'ancien Gandhâra (Péchawer), événements de conséquences capitales pour la diffusion du bouddhisme en Asie.

C'est à cette époque et à l'époque suivante, c'est-à-dire aux trois derniers siècles avant J.-C., que l'art indien donne sa première floraison connue avec les reliefs sculptés des portiques bouddhiques de Barhout et de Sântchî. Sur les reliefs de Sântchî notamment (Ier siècle avant J.-C.), le sentiment bouddhique envers nos frères les animaux inspire, dans les représentations d'éléphants, de buffles et d'antilopes, des scènes d'un naturalisme délicat et attendri. Dans les nus se retrouve le même naturalisme tropical d'l'Inde éternelle.

Cependant après Açoka l'empire indien maurya était tombé en décadence. Les Grecs en profitèrent pour reparaître.

La Bactriane (pays de Balkh, nord de l'Afghanistan Actuel), guère soumise par Alexandre le Grand, avait, après lui, fait partie de l'empire séleucide. Vers 250 avant J.-C., le gouverneur grec du pays, Diodote Ier, se déclara indépendant. Ainsi fut fondé le royaume grec de Bactriane, destiné à perpétuer deux siècles encore l'hellénisme dans l'Iran oriental. Un des successeurs de Diodote, le roi de Bactriane Démétrios (vers 189-166), soumit la vallée du Caboul (région de Caboul, alors appelée Kapiça, et région de Péchawer, alors appelée Gandhâra), puis il pénétra dans l'Inde et, avec son lieutenant Ménandre, conquit le bassin de l'Indus (Pendjab et Sind). Après lui le Pendjab forma un royaume particulier pour Ménandre (vers 166-145). Ménandre montra une vive sympathie pour le bouddhisme : on le voit discuter de problèmes philosophiques avec les moines et commander des reliquaires.C'est en effet à la cour de ces rois indo-grecs du Caboul et du Pendjâb que s'établit la curieuse association du bouddhisme et de l'hellénisme, association qui peu après allait donner naissance à l'art *gréco-bouddhique*, destiné à renouveler les arts de l'Asie centrale et orientale tout entière.

La domination des Grecs dans ces régions fut renversée par des invasions de Scythes, c'est-à-dire, de nomades indo-européens appartenant à la race iranienne ou à des branches voisines, et descendus de la Haute Asie. Ce fut ainsi que les Çaka venus des T'ien-chan et les Yue-tche venus du Kan-sou enlevèrent aux Grecs la Bactriane (vers 130 avant J.-C.), la vallée du Caboul et le Pendjâb (entre 70 et 30 avant J.-C.). Mais si profonde était déjà l'hellénisation de ces pays qu'elle s'imposa jusqu'à un certain point aux nouveaux venus. Tel fut le cas pour la dynastie « indo-scythe » des *Kouchâna* qui régna aux deux premiers siècles de notre ère au Caboul et au Pendjâb, avec centre autour de Péchawer. Les rois Kouchâna nous ont laissé de belles monnaies avec légende grecque, dont plusieurs portent l'image du Bouddha. Le plus grand d'entre eux, Kanichka (entre 78 et 110), fut un protecteur zélé des moines bouddhistes. Ce serait à son époque qu'aurait vécu le délicieux poète bouddhiste Açvagocha.

Jusque-là les sculpteurs indiens n'avaient jamais osé figurer l'image du Bouddha (pas plus que les musulmans ne représentent celles d'Allah ou de Mahomet). Jusque dans les scènes de sa vie, on remplaçait son image par des symboles conventionnels. Les Grecs, dans leur iconolâtrie foncière, éprouvèrent le besoin de le représenter réellement. Ils s'inspirèrent à cet effet du type d'Apollon. Le « premier bouddha », ainsi modelé aux environs de notre ère dans la région de Caboul ou de Péchawer, fut un pur Apollon auquel on avait seulement ajouté les caractéristiques rituelles : le point de l'*ournâ* entre les deux yeux et le chignon (pour le turban) devenu bientôt une protubérance crânienne. Ce sont ces bouddhas apolliniens au profil purement grec que nous ont livrés par centaines les fouilles pratiquées dans l'ancien Gandhâra (Péchawer) et plus à l'ouest, à Hadda (ces dernières abondamment représentées au Musée Guimet). Et c'est ce même type du bouddha grec qui se transmettra de proche en proche à travers toute l'Inde jusqu'au Cambodge et à Java, à travers toute l'Asie Centrale jusqu'en Chine et au Japon, donnant naissance aux innombrables bouddhas de l'Extrême-Orient. Bien entendu, au cours de cet immense voyage à travers l'espace et le temps, le type grec original se modifiera. Il évoluera et s'adaptera aux types ethniques indien, khmèr, javanais, chinois, japonais, mais même alors il conservera souvent, — dans la rectitude du profil notamment et dans l'ordonnance de la draperie, — le lointain souvenir de ses origines helléniques.

Ajoutons qu'en Afghanistan le bouddhisme s'associa aussi un peu plus tard à l'art perse sassanide, comme viennent de nous le révéler les récentes découvertes des fresques de Bâmiyân (IIIe-IVe siècles de notre ère) et des stucs de Fondoukistân (fin du VIe et début du VIIe).

Par ailleurs, le bouddhisme lui-même évoluait. Il se divisa vers la même époque en deux grandes écoles : 1° Celle dite du *Hînayâna* ou « Petit Véhicule (du Salut) » qui resta assez proche de la doctrine primitive et dont l'île de Ceylan devait être le plus actif foyer ; 2° L'école dite du *Mahâyâna*, ou « Grand Véhicule » qui couronna la doctrine par une philosophie première. La philosophie du Mahâyâna fut au point de vue spéculatif un idéalisme absolu, complété dans le domaine de la sensibilité religieuse par une mystique ardente, le tout oscillant entre le subjectivisme et, à la fin, des tendances presque monistes. Au point de vue théologique le Mahâyâna se donna l'équivalent d'un véritable panthéon avec les nombreux *bodhisattva* ou futurs bouddhas dont les plus connus,

Maitreya et Avalokiteçvara, finirent par l'emporter dans la dévotion populaire sur le Bouddha historique. La représentation des divers types de bodhisattva par l'art gréco-bouddhique du Gandhâra et du Caboul contribua certainement, même au point de vue théologique, au développement de ce panthéon du Mahâyâna.

La Chine des Han

En Chine la maison des Ts'in qui avait réalisé l'unité politique du pays et fondé l'empire centralisé (voir page 33), n'avait survécu que trois ans à Ts'in Che-Houang-ti († 210 avant J.-C.). Après une brève anarchie, un aventurier militaire, Lieou Pang, monta sur le trône comme fondateur de la grande dynastie des *Han* (202 avant J.-C.). Les Han devaient régner sur la Chine de 202 avant J.-C. à l'an 8 de notre ère avec capitale à Tch'ang-ngan (Si-ngan-fou), au Chen-si, et de nouveau de l'an 25 à l'an 220 de notre ère avec, cette fois, capitale à Lo-yang (Ho-nan-fou), au Ho-nan. Les deux périodes sont séparées par la brève usurpation de Wang Mang (de 9 à 22 de notre ère).

En politique intérieure, les Han normalisèrent le césarisme chinois créé par Ts'in Che-Houang-ti, en y ralliant les lettrés traditionalistes jusque-là opposants, ce que nous appelons aujourd'hui le mandarinat. Au dehors ils luttèrent contre les Hiong-nou, ou Huns, nomades de race turco-mongole habitants de la Mongolie, qui venaient périodiquement razzier sur les frontières septentrionales de la Chine. Le plus grand des souverains Han, l'empereur Wou-ti (140-87 avant J.-C.) lança des contre-rezzous jusqu'au cœur du pays hunnique, de l'autre côté du Gobi, en haute Mongolie. Il annexa à l'empire l'actuelle province de Kan-sou et, du côté de l'ouest, poussa ses armes à travers l'actuel Turkestan oriental jusqu'en Ferghâna. En même temps il rattachait définitivement à la Chine la région cantonaise et établissait la domination chinoise sur la Corée et le Tonkin. Une partie de ces conquêtes furent reperdues pendant les troubles qui accompagnèrent en Chine l'usurpation de Wang Mang (9-22 de notre ère). L'empereur Kouang Wou-ti (25-57 de notre ère) qui restaura la dynastie Han, reconquit le Tonkin-Annam. Quant à la reconquête de l'Asie Centrale, ce fut l'œuvre, à la génération suivante, d'un habile capitaine chinois, Pan Tch'ao.

L'Asie Centrale, l'actuel Turkestan chinois, c'est-à-dire 1e bassin du

Tarim, est un pays en voie de saharification qu'entourent au nord et au sud deux demi-cercles d'oasis caravanières, au nord Tourfan, Qarachahr, Koutcha et Kachgar, au sud Miran, Niya, Khotan et Yarkand. Le pays était alors habité par des populations indo-européennes parlant des dialectes tout récemment découverts (depuis 1906) et qui se sont révélés proches parents du sanscrit, de l'iranien et de nos langues d'Europe. Les deux lignes d'oasis que nous venons d'énumérer servaient à la « route de la soie », par laquelle les caravaniers chinois apportaient le précieux tissu jusqu'au pied du Pamir. C'était là, au poste dit « la Tour de pierre », qu'avait lieu l'échange entre eux et les caravaniers gréco-romains venus d'Antioche. Le contrôle de ces oasis enrichies par le commerce était disputé entre les Huns de Mongolie et les Chinois. En vingt-quatre ans de luttes (73-97 de notre ère) le général chinois Pan Tch'ao élimina les Huns et rattacha à l'empire Han toute la contrée depuis Tourfan jusqu'à Kachgar.

L'établissement de la *Paix Chinoise* en Asie Centrale favorisa la propagande bouddhique. A partir du Ier siècle de notre ère les missionnaires bouddhistes partis de l'Inde du Nord-Ouest et de l'Afghanistan, vinrent en grand nombre « évangéliser » les oasis de la Route de la soie, de Khotan à Miran, de Kachgar à Tourfan. Ils y introduisirent l'art gréco-bouddhique, de sorte que les explorateurs modernes ont eu la surprise de découvrir près de Khotan des statues de bouddhas purement apolliniens, et à Miran (près du Lob-nor) des fresques gréco-romaines. D'ailleurs les missionnaires bouddhistes ne s'arrêtaient pas là. De la Kachgarie ils pénétraient en Chine, et dans la seconde moitié du Ier siècle de notre ère on les voit établir des communautés monastiques dans les capitales chinoises, Tch'ang-ngan et Lo-yang.

L'art des Han n'est cependant pas encore influencé par le bouddhisme. Ce sont des œuvres purement chinoises que les reliefs sculptés découverts par Chavannes dans les tombes du Chan-tong ou du Ho-nan, ou par Lartigue et Segalen sur les piliers du Sseu-tch'ouan ; de même pour les terres cuites funéraires Han représentant, notamment, des animaux. Dans ces représentations animalières il s'agit d'un naturalisme rapide, « fait d'un seul trait ». Les cavalcades des reliefs sculptés s'imposent de même par le mouvement.

La dynastie des Han fut déposée en 220 de notre ère. La Chine se partagea alors en trois royaumes dont l'un eut les provinces du nord (bassin du fleuve Jaune), l'autre Nankin et les provinces méridionales, le troisième le Sseu-tch'ouan. L'histoire ou la légende de ce temps, développée dans le roman des *Trois Royaumes* et dans les pièces de théâtre qui en ont été tirées, est une sorte de geste, pleine de figures de paladins et de beaux coups d'épée. En 280 les trois royaumes furent de nouveau réunis en un seul sous la dynastie des Tsin, mais bientôt commencèrent les grandes invasions. En 311 les Huns surprirent la capitale chinoise, Lo-yang, et firent l'empereur prisonnier. La dynastie des Tsin se réfugia à Nankin, à l'abri du Yang-tseu, où se perpétua de 318 à 589 un empire national chinois réduit à la Chine méridionale ainsi l'empire romain réfugié à Byzance après la perte de l'Occident. Pendant ce temps, durant tout le IVe siècle, les hordes turco-mongoles — *Hiong-nou*, c'est-à-dire Huns, d'origine sans doute turque, et *Sien-pei*, d'origine sans doute mongole — se succédaient dans la Chine du Nord en royaumes éphémères qui s'entre-détruisaient.

Au milieu de ces bouleversements le bouddhisme continuait à pénétrer en Chine. Les missionnaires indiens, apportant avec eux le trésor des Ecritures sanscrites que des générations de traducteurs allaient faire passer en chinois, affluaient maintenant par la route maritime comme par la route de l'Asie Centrale. Du côté de l'Asie Centrale ils arrivaient par l'Afghanistan et les oasis indo-européennes du désert de Gobi où Koutcha était devenue un actif foyer des lettres indiennes ; de là ils allaient prêcher la douceur bouddhique aux rois tartares de la Chine du Nord. Un de ces rois, Fou Kien (357-385), qui régna un moment sur toutes les provinces septentrionales, fut célèbre pour sa piété. En même temps d'autres moines bouddhistes arrivaient à Canton ou à Nankin par la voie de mer. L'empereur chinois de Nankin, Leang Wou-ti (502-549), montra un tel zèle pour la grande religion indienne qu'il finit par se faire moine.

Chapitre V
L'Iran sassanide, l'Inde goupta et la Chine des T'ang

L'Iran sassanide

Nous avons vu (page 39) que depuis 129 avant J.-C., la tribu iranienne des Parthes et sa dynastie, la dynastie arsacide, après avoir définitivement éliminé les derniers vestiges de la domination macédonienne, étaient restées maîtresses de l'Iran. Toutes les tentatives des Romains (Crassus, Antoine, Trajan) pour conquérir l'empire parthe avaient échoué. Mais en 224 de notre ère la dynastie arsacide fut renversée par une autre maison iranienne originaire de la Perse propre (le Fârs actuel, région de Persépolis et de l'actuelle Chîrâz), la maison des Sassanides. Le chef des Sassanides, Ardachêr, monta sur le trône de Ctésiphon comme roi des rois (*châhânchâh*) d'Iran.

Les Parthes Arsacides s'étaient piqués de philhellénisme. Les Perses Sassanides firent preuve d'un nationalisme iranien strict. Ils présidèrent à une restauration aussi minutieuse que possible des traditions iraniennes, tendant à effacer les souvenirs de l'influence grecque et à relier le présent au passé achéménide. Au point de vue religieux ils reconnurent comme religion d'Etat la religion de Zarathouchtra ou mazdéisme, et comme livres canoniques la Bible mazdéenne, l'*Avesta*. Le clergé mazdéen, celui des *môbedhs* ou mages, eut rang d'Eglise officielle avec une influence telle que ceux des rois qui voulurent par la suite y faire obstacle furent brisés. Toutefois les Sassanides tolérèrent et même protégèrent la secte chrétienne des nestoriens, surtout à partir du jour (489) où le nestorianisme eut été banni comme hérétique par l'empire byzantin. Du reste les Sassanides régnaient non seulement sur l'Iran propre, mais aussi sur la Babylonie où se trouvait même leur capitale, Ctésiphon. Or la Babylonie restait un pays de race sémitique, de langue syriaque, langue qui était celle de l'église nestorienne comme aussi des chrétiens monophysites locaux. Il s'ensuivit qu'à côté de la culture iranienne mazdéenne, la culture syriaque chrétienne joua un rôle assez considérable dans les provinces occidentales de l'empire sassanide. Enfin en marge du mazdéisme et du christianisme et par une combinaison de leurs doctrines, un hérésiarque, Mani (215-276), fonda une religion nouvelle, le *ma-*

nichéisme. Persécuté à la fois dans le monde chrétien et dans l'Iran mazdéen, le manichéisme chercha un terrain de propagande du côté de la Haute Asie où de 763 à 840 il allait devenir la religion de l'empire turc ouïgour de Mongolie (voir page 62).

L'art sassanide entend visiblement être avant tout une renaissance de l'art perse achéménide (voir page 22). C'est ainsi qu'il se présente dans les scènes royales en majesté comme dans les scènes de chasse, sur les pièces d'argenterie comme sur les reliefs rupestres, par exemple dans la grande grotte de Tâq-è Bostân près de Kermânchâh (longtemps attribuée à Khosroès II, aujourd'hui datée du roi Pêrôz, 457-483), aussi dans les récentes fouilles de M. Georges Salles à Châhpour. Toutefois cette sculpture n'est pas sans trahir l'influence de l'art romain contemporain. Par ailleurs nous verrons que l'art sassanide, localement associé en Afghanistan (Bâmiyân et Fondoukistân) au bouddhisme, a, de ce fait, influencé la peinture et la sculpture de la Kachgarie du Ve au VIIIe siècle (fresques et stucs de Qizil, près de Koutcha).

Les Sassanides menèrent une double lutte. Au nord-est, à la frontière de l'Oxus (Amou-darya), ils eurent à se défendre contre les nomades de l'Asie Centrale, maîtres de la Transoxiane (Samarqand) et de la Bactriane (Balkh), savoir les Huns Hephtalites au Ve siècle, puis les Turcs Occidentaux au VIe. A l'ouest, sur la frontière de l'Euphrate, les Sassanides furent en lutte presque constante contre les Romains, puis contre les Byzantins, lutte qui prit l'allure d'une guerre de religion lorsque, après la conversion de Constantin (323), l'empire romain apparut comme le défenseur du christianisme face à l'empire sassanide, défenseur du mazdéisme. Cette lutte de la Perse contre ses voisins de l'ouest lui valut des heures de gloire sous les rois sassanides Sapor (Châhpour) Ier (241-272) qui fit prisonnier l'empereur Valérien (260), — Khosroès (Khousrô) Ier Anôcharvân (531-578) qui accueillit les derniers philosophes grecs chassés d'Athènes par l'empereur Justinien, Khosroès II Parvêz (590-628) qui enleva un moment à l'empire byzantin la Syrie et l'Asie Mineure mais qui fut finalement repoussé et vaincu par l'empereur Héraclius. Mais ce long duel épuisa à la fois la Perse et Byzance, à l'heure où allait surgir contre l'une et l'autre le péril musulman.

Chapitre V

L'Inde goupta

La domination grecque au IIe siècle avant J.-C., puis la domination indo-scythe aux deux premiers siècles de notre ère n'avaient intéressé que l'Inde du nord-ouest. Le reste du vaste continent indien était resté au pouvoir d'Etats indigènes comme celui de l'Andhra qui vit se développer dans le sud-est du Dékhan central, près de l'embouchure de la Krichna, la délicate école de sculpture bouddhique d'Amarâvatî, avec ses nus tropicaux d'un mouvement si souple (IIe-IVe siècles de notre ère). Vers 320 de notre ère nous voyons se fonder au Magadha (Sud-Béhar), un grand empire national indien, celui de la dynastie *goupta* qui devait durer jusque vers 470 et qui engloba le bassin du Gange et l'Inde centrale (Mâlva, Goudjerât et presqu'île du Kathiavar). Les empereurs goupta Samoudragoupta (vers 335-385), Tchandragoupta II (vers 385-414) et Koumâragoupta (vers 414-455) montrèrent un grand éclectisme religieux, favorisant à la fois l'hindouisme et le bouddhisme. C'est l'époque du poète tragique Kâlidâsa, et des deux grands métaphysiciens du bouddhisme mahâyâniste, Asanga et Vasoubandhou, qui enseignèrent un idéalisme absolu (école *vidjñânavâda*), impliquant la négation du monde extérieur comme du moi personnel et aboutissant au « rien-que-pensée ». Quant à la statuaire bouddhique de ce temps, elle marque la réabsorption de l'académisme gréco-bouddhique par l'esthétique éternelle de l'Inde qui, grâce aux transitions du « vêtement mouillé », ramène la draperie grecque à des nus pleins de majesté, de douceur et de grâce, baignés et comme fondus de tiédeur tropicale.

L'empire goupta s'effondra à la suite de l'invasion des Huns Hephthalites, horde mongole descendue de l'Asie Centrale, qui de 475 à 534 environ ravagèrent le nord-ouest de l'Inde. Au siècle suivant apparut un grand souverain, Harcha-vardhana (606-647) qui régnait à Thanesvar (près de Delhi) et à Kanaudj (entre la Djamna et le Gange). L'empire de Harcha engloba, comme auparavant l'empire goupta, le bassin du Gange, le Mâlva et le Goudjerât, tandis qu'au sud de la Narbadda une grande partie du Dékhan formait un Etat rival, l'empire du Mahârâchtra ou pays marathe qui obéissait à la dynastie Tchâloukva. Harcha est une figure intéressante. Il nous a laissé des drames sanscrits. Il se montra un protecteur zélé du bouddhisme. Le pèlerin chinois Hiuan-tsang, venu par les pistes de l'Asie Centrale (viâ Tourfan, Koutcha et Simarqand), arriva sous ce règne dans l'Inde pour visiter les lieux-saints bouddhiques (630). Il y fut admirablement accueilli par Harcha et, après avoir parcouru l'Inde entière, il repartit en 644 pour regagner la Chine, par le Pamir, Kachgar et Khotan. — Néanmoins ce n'est pas sur les territoires de Harcha, c'est dans l'empire rival, au Mahârâchtra, que furent peintes vers cette époque les plus belles des fresques bouddhiques d'Adjantâ. Œuvres souvent admirables qui font voisiner avec des nus ou des représentations d'animaux au naturalisme tropical et plein de grâce, des figures de *bodhisattvas* de la plus haute mysticité.

Après la mort de Harcha (647) le bouddhisme disparut progressivement de l'Inde, éliminé par la réaction hindouiste, c'est-à-dire à la fois par la théologie brahmanique et par les dévotions populaires du vichnouisme et du çivaïsme. Il ne conserva plus (en dehors de Ceylan) que le Magadha (Sud-Béhar), du moins tant qu'y dura la dynastie Pâla (765-1197) ; et même dans ce dernier asile le bouddhisme mystique du *Mahâyâna* finit par dégénérer en *tantrisme*, c'est-à-dire en croyances entachées de démonologie et de magie et plus proches du çivaïsme que des enseignements si purs du Bouddha historique. Partout ailleurs, l'hindouisme, sous sa double forme çivaïte et vichnouite, triomphait directement. La dynastie Pratihâra qui régna à Kanaudj, dans le bassin occidental du Gange, de 816 à 1018, était hindouiste. Furent également hindouistes les dynasties qui se succédèrent au Dékhan : les Tchâloukya et Râchtrakouta du Mahârâchtra ou pays marathe (Présidence actuelle de Bombay) aux VIe-XIIe siècles, et les empires du Carnate (Présidence actuelle de Madras), savoir les Pallava (VIe-IXe siècles), puis les Tchola (X^e-XIe siècles), — ces derniers particulièrement intéressants parce qu'ils représentent directement la race dravidienne, rameau tamoul, avec sa tendance çivaïte accentuée, et aussi parce que vers l'an Mille ils établirent une véritable domination maritime, une véritable « thalassocratie », dans le golfe du Bengale, de Ceylan à Sumatra.

Chapitre V

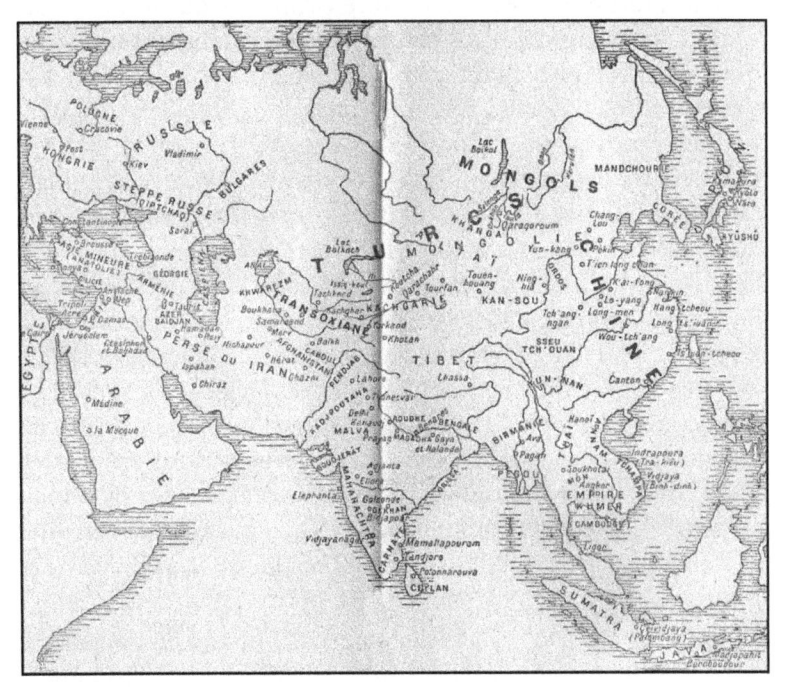

Carte 2. — L'Asie au Moyen Age

Le brahmanisme orthodoxe qui avait éliminé le bouddhisme acheva alors de constituer sa métaphysique avec la philosophie *védânta*, monisme religieux d'une remarquable puissance. Ce système fut exposé par deux illustres philosophes, tous deux originaires du Dékhan, Çankara (v. 788-850) et Râmânoudja (v. 1050-1137), qui enseignèrent le premier un monisme idéaliste et « acosmique » absolu, comportant la théorie de la *mâyâ* ou illusion universelle ; le second, un « monisme dualiste » de tendances spiritualistes et théistes. Mais à côté de la philosophie officielle du Vedânta, il faudrait encore mentionner plusieurs autres systèmes philosophiques (*darçana*), notamment le *Sâmkhya* qui comporte le dualisme d'une monadologie spiritualiste et d'une « Nature » en évolution ; ou encore le système proprement mystique du *Yoga*, justification métaphysique de l'ascèse des *yogi*, etc. C'est un syncrétisme emprunté à ces diverses écoles qu'on trouvera dans l'admirable *Bhagavadgîtâ*, l'œuvre lyrique la plus haute du panthéisme hindou.

Quant à l'art hindouiste, c'est-à-dire vichnouite ou çivaïte, il nous a laissé des reliefs rupestres et une statuaire d'une puissance grandiose avec les plus majestueuses représentations du dieu panthéiste qui soient sorties de la main des hommes (reliefs *pallava* de Mamallapouam ou Sept-Pagodes près de Madras au VIIe siècle de notre ère, sculptures des temples rupestres d'Ellora et d'Eléphanta près de Bombay au VIIIe, bronzes dravidiens enfin représentant les diverses manifestations de Çiva, notamment le *natarâdja*, c'est-à-dire le Çiva « nietzschéen » (dansant la danse cosmique). Quelques-unes des « fresques de pierre » de Mamallapouram et d'Ellora sont d'une ampleur et d'une puissance dignes de la Sixtine. Par ailleurs, l'architecture hindoue prit au Dékhan un nouvel essor, depuis les temples de l'Orissa avec leurs *çikhara* ou tours curvilignes et bombées aux nervures vigoureuses (VIIIe-XIIe siècles) jusqu'aux temples tamouls du Carnate avec leurs portes à tours (*gopoura*) coiffées d'énormes pyramides tronquées que couvre une foisonnante parure sculpturale (grand temple de Tandjore vers l'an Mille, grand temple de Madoura, XVIIe siècle).

Tandis que l'Inde continentale retournait ainsi à l'hindouisme, le bouddhisme, sous sa forme la plus authentique et la plus pure, le *Hînayâna*, se maintenait à Ceylan où il nous a laissé les monuments d'Anouradhapoura pour l'antiquité et ceux de Polonnârouva pour le haut Moyen Age.

La Chine des T'ang

Nous avons vu (page 48) qu'au IVe siècle de notre ère la Chine avait été envahie par des tribus turco-mongoles qui avaient refoulé l'empire national chinois dans les provinces du Sud (capitale Nankin), tandis qu'elles-mêmes se partageaient les Provinces du Nord (bassin du fleuve Jaune). Au Ve siècle, une de ces tribus, celle des *Tabghatch* (*T'o-pa* en chinois), de race sans doute turque, élimina les autres et de 426 à 534 resta ainsi maîtresse de toute la Chine du Nord. Ces Tabghatch jouèrent un rôle considérable dans l'histoire de l'Extrême-Orient parce qu'ils adoptèrent progressivement la civilisation chinoise et surtout parce qu'à partir de 452, ils se convertirent au bouddhisme. L'art bouddhique de leur temps, appelé *art Wei* (du nom chinois que s'était donné leur dynastie), est le plus grand art religieux que la Chine ait connu. Il nous a donné la statuaire de Yun-kang (ve siècle) et de Long-men (vi^e siècle) qui tire son origine de la plastique gréco-bouddhique, mais qui, sous l'influence d'une émouvante spiritualité et d'un mysticisme fervent, arrive, dans ses longues figures méditantes où le corps n'est plus que l'idéalisation du manteau monastique, à produire parfois la même impression d'ensemble que notre statuaire romane ou gothique.

Pendant ce temps nous voyons apparaître pour la première fois en Asie le peuple turc *du moins sous son nom historique*. Les Turcs (« les forts ») qui sont sans doute les descendants des Huns de l'antiquité fondèrent au milieu du vi^e siècle un immense empire qui, à partir de 552, engloba toute la Mongolie et qui, à partir de 565, s'accrut encore du Turkestan occidental, Les *qaghan* ou empereurs turcs contrôlèrent donc toute la Haute Asie, depuis la Muraille de Chine jusqu'à la frontière de la Perse sassanide (frontière de l'Oxus ou Amou-darya). Mais presque aussitôt leur empire fut divisé entre deux branches de leur famille, en deux khanats : d'une part le khanat des *Turcs Orientaux* qui eut son siège sur le haut Orkhon et posséda la Mongolie ; d'autre part le khanat des *Turcs Occidentaux* qui eut son siège autour de l'Issiq-koul et posséda le Turkestan Occidental. Le premier guerroya contre la Chine, le second contre la Perse sassanide. Ces anciens Turcs se donnèrent une écriture « runique » inspirée par l'alphabet syriaque et dans laquelle sont rédigées les inscriptions de l'Orkhon célébrant les conquêtes de leurs khans et d'un beau souffle épique, le premier monument de la littérature turque (début du viiie siècle).

En Chine la dynastie des *Souei* qui avait succédé dans les provinces du Nord aux héritiers des Tabghatch, soumit en 589 l'empire chinois du Sud (Nankin), reconstituant ainsi l'unité chinoise. Le second empereur Souei, Yang-ti (605-616) entreprit de rétablir dans le reste de l'Extrême-Orient et en Asie Centrale l'hégémonie chinoise, telle qu'elle avait existé dans l'antiquité sous les Han (page 47), mais il échoua contre la Corée et sa dynastie fut remplacée par celle des T'ang (618).

Les *T'ang* (618-907) furent la plus grande dynastie de l'histoire chinoise (capitale Tch'ang-ngan, ou Si-ngan-fou). Le deuxième empereur T'ang, T'ai-tsong le Grand (627-649), détruisit en Mongolie le khanat des Turcs Orientaux (630) et, au Turkestan, provoqua la dissolution du khanat des Turcs Occidentaux. En Asie Centrale il rétablit la suzeraineté chinoise sur les oasis de la Route de la soie, Tourfan, Qarachahr, Koutcha et Kachgar au nord, Khotan et Yarkand au sud. Ces oasis caravanières, on l'a vu (page 47), étaient habitées par des populations de langue indo-européenne converties au bouddhisme.Leur civilisation morale était donc empruntée à l'Inde, tandis que leur civilisation matérielle était également influencée par la Perse sassanide. Les fouilles contemporaines (missions Pelliot, Grünwedel, von Le Coq, Aurel Stein) ont de 1902 à 1914 découvert dans ces oasis de l'Asie Centrale une abondante littérature bouddhique rédigée soit dans les dialectes indo-européens locaux, soit en langue indienne. Elles y ont découvert aussi d'admirables œuvres d'art bouddhiques (fresques et sculptures de Qizil près Koutcha, de Qarachahr, du groupe de Tourfan, etc.), inspirées en grande partie par l'art indien, influencées aussi secondairement par l'art perse sassanide et, du côté de Tourfan, par la proximité de l'art chinois : bref un mélange d'art gréco-bouddhique, d'art irano-bouddhique et d'art T'ang. — Par la même voie le christianisme, sous sa forme nestorienne, se propagea de l'Iran dans la Chine des T'ang (construction d'une église nestorienne à Tch'ang-ngan en 635).

Le troisième empereur T'ang, Kao-tsong (650-683) vint à bout de la Corée. Il est vrai que sous son règne le khanat turc de Mongolie se reconstitua (682-744). L'empereur Hiuan-tsong (712-756) eut la chance de voir ce royaume turc disparaître (744). En Asie Centrale il étendit le protectorat chinois jusqu'à Tachkend. Son règne, âge d'or de la littérature chinoise, fut illustré par Li T'ai-po (701-762) et Tou Fou (712-770), les deux plus grands poètes de l'Extrême-Orient. Mais ce règne si brillant finit mal. Au Turkestan les Arabes chassèrent les Chinois de Tachkend, (751) et les Tibétains ravageaient la Kachgarie. Quant à la Mongolie, elle passa aux Ouigour, peuple turc d'ailleurs fort intéressant qui en resta maître de 744 à 840 et qui se convertit un moment (763) au manichéisme, cette religion mixte, irano-chrétienne, que nous avons vue se former en Perse (page 51). Les sites de la région de Tourfan, remontant à la période ouigoure, nous ont livré, en même temps que de belles fresques bouddhiques, des peintures manichéennes qui relèvent directement de l'art iranien. Par ailleurs, les Ouigour se donnèrent un nouvel alphabet, tiré du syriaque et qui devint par la suite le prototype des alphabets mongol et mandchou. Ils furent la première en date des nations turques qui, ait vraiment accédé à la civilisation et qui se soit donné une culture littéraire propre.

En Chine la dynastie des T'ang fut déposée en 907 et le pays retomba dans l'anarchie. Dans la Chine du Nord se succédèrent plusieurs dynasties impériales éphémères, tandis que la Chine du Sud s'émiettait en un grand nombre de petits royaumes provinciaux.

Dans le domaine de l'art l'époque des T'ang produisit des statues bouddhiques encore puissantes et d'un réel sentiment religieux (grottes de Longmen), voire encore indianisantes (grottes du T'ien-long-chan), des peintures bouddhiques d'un beau coloris (Touen-houang, Tourfan) et des statuettes funéraires remarquables pour le réalisme animalier (chevaux T'ang) ou pour la grâce féminine (danseuses et musiciennes en terre cuite). Quelques spécimens de la peinture T'ang sont parvenus dans nos musées grâce aux fresques et bannières bouddhiques de T'ouen-houang, rapportées par les missions Pelliot et Aurel Stein (1906-1912). Quant à la « cavalerie » et aux « Tanagras » en terre cuite d'époque T'ang, elles sont aujourd'hui fort abondamment représentées dans les collections d'Europe et d'Amérique, — trop abondamment peut-être...

Dans le domaine religieux nous avons mentionné le pèlerin bouddhiste Hiuan-tsang (vers 600-664) qui alla chercher dans l'Inde et adapta en chinois les textes philosophiques de l'école *vidjñânavâda*, idéalisme absolu à la fois subjectiviste et moniste. D'autres sectes bouddhiques donnaient naissance à l'extase intuitive du *dhyâna* (*tch'an*) ou au monisme mystique du *T'ien-t'ai*, toutes doctrines où il est permis de voir une rencontre entre le bouddhisme du *mahâyâna* et le vieux taoïsme indigène. Par ailleurs « l'extase cosmique » et l'envol transcendant du taoïsme se combinent avec le sentiment bouddhique de l'écoulement universel des choses chez les grands poètes T'ang que nous citions tout à l'heure, Li T'ai-po et Tou Fou.

Chapitre VI
L'Islam et les Croisades

L'Islam arabe

L'Arabie, péninsule en grande partie désertique, habitée par des Sémites semi-nomades, n'avait jusqu'au VIIe siècle de notre ère joué qu'un rôle médiocre dans l'histoire. Les Arabes étaient païens, bien que plusieurs de leurs tribus eussent subi l'influence du judaïsme et du christianisme, lorsque le Prophète *Mahomet* (Mohammed) (vers 570-632) leur imposa le monothéisme. Sa doctrine, l'Islam, recueillie dans le Coran (*Qor'ân*) repose sur la foi en un Dieu transcendant, Allâh, très proche du Yahvé ou Jéhovah des Juifs et des Chrétiens et dont la toute-puissance implique le dogme de la prédestination. Mahomet accepte d'ailleurs parmi les prophètes qui l'ont précédé Moïse (*Moûsâ*) et Jésus (*'Isâ*). D'autre part, Mahomet, après avoir triomphé du culte païen de la pierre noire à la *ka'ba* de la Mecque, sanctifia le site en faisant de la ka'ba l'objectif du pèlerinage (*hadjj*). L'ère musulmane, *l'hégire*, date du 16 juillet 622, jour du départ du Prophète de la Mecque pour Médine. La vie de Mahomet, de cette date à sa mort, se passa à guerroyer en Arabie pour amener les tribus arabes à accepter sa religion.

Ses successeurs, les *khalifes*, continuèrent la guerre sainte (*djihâd*) pour imposer par la conquête l'islam aux empires voisins. Les trois premiers khalifes, Abou-Bakr (632-634), 'Omar (634-644) et 'Othmân (644-655), enlevèrent à l'empire byzantin la Palestine et la Syrie (batailles d'Adjnâdeïn 634 et du Yarmoûk 636), puis l'Egypte (643). En deux autres batailles (Qâdisiya, 637 et Néhâvend, 640) ils conquirent l'empire perse sassanide (Iraq et Iran actuels). Le quatrième khalife, 'Alî (656-661), qui était le gendre de Mahomet, fut assassiné par ses ennemis qui portèrent au khalifat Mo'âwiya, fondateur de la dynastie des *Oméyyades*.

Les Oméyyades régnèrent de 660 à 750. Ils mirent leur capitale en Syrie, à Damas et se laissèrent pénétrer par la civilisation matérielle du milieu byzantin, ainsi que leur art en témoigne. La mosquée el-Aqçâ, à Jérusalem (702), la « mosquée des Oméyyades » à Damas sont d'anciennes basiliques adaptées. Les mosaïques de la seconde, dégagées depuis 1926, montrent une technique toute byzantine. Sous cette influence, comme à l'est sous l'influence du milieu perse sassanide, les pauvres nomades sortis des déserts de l'Arabie se mirent en quelques décades au niveau des vieilles civilisations.

Cependant les partisans de la famille de 'Alî maintenaient leur protestation contre « l'usurpation » des Oméyyades, et ce fut ainsi que se forma dans l'islam la doctrine dissidente des *Chî'ites*, partisans de 'Alî, opposés aux *Sunnites*, partisans des dynasties khalifales officielles. Cette division coupa le monde musulman en deux. Les Arabes se partagèrent entre les deux tendances ; quant aux Persans, récemment convertis de force à l'Islam, ils se rallièrent au Chî'isme, trouvant ainsi le moyen de maintenir dans le sein même de l'islamisme leur individualité spirituelle.

En 750 les Oméyyades furent renversés et remplacés par une autre maison arabe, celle des *'Abbâssides* qui conserva le khalifat jusqu'en 1258. A partir de 762 les 'Abbâssides mirent leur capitale à Baghdâd, en Iraq. Les premiers khalifes 'abbâssides, al-Mançoûr (754-775), al-Mahdî (775-785), Hâroûn ar-Rachîd (786-809) et al-Ma'moûn (813-833) portèrent la civilisation arabe à son apogée. La Baghdâd de leur temps a laissé dans l'imagination orientale un souvenir de féerie, tel un conte des *Mille et une nuits*. De même que les Oméyyades, ayant leur siège en Syrie, s'étaient inspirés de la tradition byzantine, les 'Abbâssides, ayant leur résidence sur l'ancien territoire sassanide, s'inspirèrent de la tradition iranienne, ainsi qu'on peut le voir par les fresques de Sâmarrâ près de Baghdâd (836-889) et par la céramique de cette même Sâmarrâ ou par celle de Reiy (Rhagès). Quant aux miniatures de l'école de Baghdâd au XIIIe siècle, elles combinent la tradition iranienne avec une forte influence byzantine sémitisée (le peintre Wâsitî, v. 1237).

A la différence des Oméyyades, les 'Abbâssides ne commandèrent pas à tous les territoires musulmans de leur temps. Dès 756 une branche de la famille oméyyade fonda un émirat dissident en Espagne, et par la suite, le Maghreb et même l'Egypte firent pratiquement sécession (Julien, *Hist. de l'Afrique*, 61).

Le khalifat sous la tutelle iranienne

Le khalifat 'abbâsside tomba en décadence au Xe siècle Les khalifes ne conservèrent guère, avec un petit domaine temporel, à Baghdâd et dans le reste de l'Iraq, que leur autorité spirituelle ainsi qu'une suzeraineté assez inagissante sur les dynasties provinciales qui se fondaient de toutes parts. A côté d'eux, à Baghdâd, s'installa une dynastie de maires du palais de race persane, les émirs Bouyides (945-1055). Les Persans, désormais convertis à l'Islam, recouvraient en effet dans la société musulmane une importance de premier plan. Tandis que les émirs Bouyides à Baghdâd, à Ispahan et à Chîrâz, gouvernaient en fait l'Iraq et la Perse occidentale, d'autres Iraniens, les émirs Sâmânides, eux aussi vassaux théoriques du khalifat, s'étaient constitué un vaste gouvernement héréditaire en Transoxiane (Boukhârâ et Samarqand) et dans l'Iran oriental (903-990). Pendant ce temps, des dynasties d'émirs arabes, dont les Hamdanides d'Alep (944-1003), s'étaient arrogé l'hérédité en Syrie. A la faveur de ce morcellement, les Byzantins recouvrèrent sur les Arabes toute l'Asie Mineure et même quelques places dans le nord de la Syrie (c'est le temps de « l'épopée byzantine » du xe siècle : campagne de Jean Tzimiscès en Syrie, 975), tandis que l'Arménie chrétienne rétablissait son indépendance (dynastie des Bagratides 885-1045).

La féodalité arabo-persane vit se continuer la brillante civilisation 'abbâsside. La philosophie et la science grecques, traduites en arabe, donnèrent naissance à une pléiade de métaphysiciens et de mathématiciens musulmans. Avicenne, en arabe Ibn-Sînâ (980-1037), Iranien des environs de Boukhârâ mais qui écrivit en langue arabe, fut le plus célèbre de ces lointains disciples d'Aristote. Mais bientôt on assistera aussi à une admirable renaissance de la langue et de la poésie persanes avec Firdousi (vers 934-1025), l'Homère iranien qui laissera l'épopée du *Châh-nâmé*, et avec des lyriques comme 'Omar Khayyâm († 1132) et Sa'di (1184-1291).

Les Turcs Seldjouqides et les Croisades

Au xie siècle l'hégémonie dans le monde 'abbâsside passa des Iraniens aux Turcs. Il s'agissait de bandes turques sorties du Turkestan occidental (Kazakistan actuel) et converties à l'Islam. La maison des Turcs Ghaznévides, avec le sultan Mahmoûd de Ghaznî (998-1030), se rendit maîtresse de l'Afghanistan et de l'Iran Oriental d'où elle alla conquérir dans l'Inde la province du

Pendjâb. Une autre maison turque, celle des Seldjouqides, joua un rôle plus considérable encore. Le premier sultan seldjouqide, Toghril-beg (1038-1063), soumit la Perse actuelle et en 1055 entra à Baghdâd où il s'installa aux côtés du khalife 'abbâsside comme son vicaire temporel. Son neveu Alp-Arslan (1063-1072) enleva l'Arménie aux Byzantins, catastrophe à la suite de laquelle une partie de la population arménienne émigra vers la Cilicie. Sous le sultan Malik-châh (1072-1092), fils du précédent, l'empire seldjouqide s'accrut de la majeure partie de l'Asie Mineure, conquise sur Byzance, et de la Syrie, et s'étendit ainsi de l'Amou-darya à la mer Egée et à la frontière, égyptienne. Il semblait que les Turcs fussent déjà à la veille de s'emparer de Constantinople. Cette menace directe contre l'Europe chrétienne provoqua le choc en retour de la première Croisade. Les *Croisades*, dans leur principe, ne furent en effet pas autre chose qu'une réaction défensive de la chrétienté pour écarter de la Méditerranée le péril turc.

Les Croisades bénéficièrent d'un concours de circonstances imprévu. A la veille même de leur mise en mouvement, le sultan seldjouqide Malik-châh était mort (1092) et son empire s'était morcelé entre les membres de sa famille, donnant naissance à un sultanat seldjouqide de Perse qui dura jusqu'en 1194, à un sultanat seldjouqide d'Asie Mineure qui se prolongera jusque vers 1300, et à deux éphémères royaumes turcs en Syrie. De plus les Etats seldjouqides eurent à subir le travail de dissociation interne de la redoutable secte des *Ismâ'îliens* ou « *Assassins* » (buveurs de haschich), établis dans quelques nids d'aigle du Mazendéran (Perse) et du Djébel Alaouite (Syrie) et qui démoralisaient les esprits par leur propagande antisociale et leurs crimes d'Etat (1090-1256).

Ce morcellement territorial et ce malaise politique favorisèrent les Croisés. La première Croisade, passée de Constantinople en Asie, défit au passage, à Dorylée, les Turcs Seldjouqides d'Asie Mineure (1097), s'empara d'Antioche, détruisit une armée de secours des Seldjouqides de Perse (1098) et le 15 juillet 1099 prit d'assaut Jérusalem. Ainsi furent fondés les Etats francs de Syrie, savoir dans la Syrie du Nord la principauté d'Antioche (1098-1268) et le comté d'Edesse, l'actuel Orfa (1098-1144), sur la côte du Liban le comté de Tripoli (1109-1289) et en Palestine le royaume de Jérusalem. Fondé par le frère de Godefroi de Bouillon, par Baudouin Ier

(1100-1118) — un homme d'Etat de grande classe en même temps qu'un magnifique soldat — le royaume de Jérusalem eut d'abord cette ville pour capitale (1100-1187), puis, quand elle fut retombée au pouvoir des Musulmans, il prit pour métropole Saint-Jean d'Acre (1191-1291). La solide armature militaire de ces Etats francs servit de soutien à une intense vie commerciale, la réussite des Croisades ayant décuplé l'importance du *commerce du Levant*. Les flottes marchandes de Pise, de Gênes, de Venise, de Marseille et de Barcelone rivalisaient d'activité dans les ports « latins » de Tripoli, Tyr, Saint-Jean d'Acre et Jaffa. Par ailleurs la vie des Etats croisé nous révèle une cohabitation souvent cordiale entre Francs et musulmans, une politique indigène intelligente de la part des Francs créoles (les « Poulains », comme on les appelait), bref la première colonisation de nos pays en terre d'Islam. Des monuments comme le Crac des Chevaliers et Notre-Dame de Tortose attestent encore la grandeur de ce passé.

Ajoutons aux Etats francs le royaume chrétien fondé vers la même époque en Cilicie par des émigrés arméniens, l'Etat de « Petite Arménie », comme on l'appela (1080-1375), qui sous la dynastie des Roupéniens d'abord, ensuite (1226) sous celle des Hétoumiens, se montra pour les Croisés un allié fidèle.

Toutefois l'hinterland syrien (Alep et Damas) était resté au pouvoir des musulmans qui en firent le point de départ de la « *contre-croisade* ». La contre-croisade fut d'abord dirigée par la dynastie turque fondée à Alep par Zengi, lequel en 1144 enleva Edesse aux Francs et dont l'œuvre fut continuée par son fils Noûr ad-Dîn (1146-1173). La contre-croisade fut ensuite dirigée par la dynastie *aiyoûbide*, dynastie d'origine kurde, fondée par le grand Saladin (Çalâh ad-Dîn). Saladin (1169-1193) — une des plus chevaleresques figures de l'histoire musulmane — après avoir réuni sous son sceptre l'Egypte et la Syrie musulmane, enleva aux Francs Jérusalem et le reste de la Palestine (1187). La Troisième Croisade, conduite par Philippe-Auguste et, par Richard Cœur-de-Lion, réussit cependant à lui reprendre, sinon Jérusalem, du moins Saint-Jean d'Acre et la plupart des autres villes du littoral (1191). Au reste, ses successeurs, les sultans aiyoûbides de la première moitié du XIIIe siècle (Malik al-'dil 1196-1218, Malik al-Kâmil 1218-1238), maîtres comme lui de la Syrie intérieure et de l'Egypte, montrèrent à son exemple un grand esprit de tolérance envers les chrétiens, mais leurs descendants furent remplacés en Egypte d'abord (1250), en Syrie ensuite (1260) par les soldats turcs de leur propre garde, les Mameloûks. Les sultans mameloûks, dont le plus remarquable fut l'énergique Baibars (1260-1277) ; rejetèrent définitivement les Francs à la mer (échec de la croisade de saint Louis, 1250 ; prise de Saint-Jean d'Acre, la dernière place franque, 1291). Les Mameloûks devaient rester en possession de l'Egypte et de la Syrie jusqu'à la conquête ottomane de 1517.

Conquête de l'Inde par les Musulmans

A l'autre extrémité de l'Asie musulmane, d'autres Mameloûks, d'origine turque ou afghane, avaient sous les ordres du chef afghan Mohammed de Ghor (1186-1206) envahi l'Inde, enlevé le Pendjâb aux sultans ghaznévides, puis conquis sur divers radjas hindous le bassin du Gange. Les chefs mameloûks, lieutenants de Mohammed de Ghor, fondèrent alors le *sultanat de Delhi* qui eut pour constant objectif le *djihâd*, la guerre sainte musulmane aux dépens de l'hindouisme ; au commencement du XIVe siècle, sous le sultan 'Alâ ad-Dîn Khaldjî (1296-1316), le sultanat de Delhi paracheva cette œuvre en annexant, après l'Inde Centrale, la majeure partie du Dékhan. Cet immense empire musulman de l'Inde se morcela, il est vrai, dans la seconde moitié du XIVe siècle, mais au profit de dynasties musulmanes locales. De toute façon la domination de l'Islam en terre indienne devait rester incontestée pour quatre siècles.

L'Inde musulmane de cette époque a été bien décrite par le voyageur arabe Ibn Battoûta qui séjourna à la cour de Delhi entre 1332 et 1347. Par ailleurs on vit alors s'élaborer dans la décoration architecturale un accord des arts arabo-persan et hindou, accord qui devait se réaliser pleinement en un harmonieux classicisme à l'époque des Grands Moghols. Dans le domaine philosophique et religieux également on vit s'ébaucher un rapprochement entre l'hindouisme et la pensée musulmane. Dans l'hindouisme la tendance était maintenant aux cultes de dévotion (*bhakti*) envers des divinités personnelles, Krichna d'une part, Çiva de l'autre, c'est-à-dire à un piétisme tout de confiance et de tendresse qui transformait le panthéisme hindou en une sorte de théisme, teinté, dans le krichnaïsme, d'une brûlante mystique de l'amour divin (le *Gîta*

Govinda, XIIe siècle). De même l'islam chî'ite persan aboutissait dans les écoles mystiques des *çoûfî* à une doctrine toute de ferveur, d'extase et d'intuition qui, dans le sein même du théisme, n'était pas sans se rapprocher d'une conception moniste ou tout au moins « immanentiste » de Dieu, ainsi qu'on en recueille l'aveu chez le grand poète piétiste Djélâl ad-Dîn Roûmî, né à Balkh en Afghanistan en 1207, mort à Qonya, en Asie Mineure en 1273. La rencontre de ces deux mystiques, « ivres de Dieu », se produisit dans l'Inde avec le poète-apôtre Kabîr (né vers 1398 ?), revendiqué à la fois par les sectes vichnouites et par les musulmans. Le même syncrétisme islamo-hindouiste inspirera, également au XVe siècle, le réformateur Nânak qui fondera au Pendjâb la secte des Sikhs, appelée au XVIIIe siècle à un si grand rôle politique. Ainsi l'hindouisme et l'islam, dressés l'un contre l'autre en une lutte à mort sur le terrain politique, finissaient, chez les âmes d'élite, par se réconcilier sur le terrain de la mystique en une synthèse supérieure...

Chapitre VII
La Chine des Song et les empires mongols

La Chine des Song

En Chine, après la chute de la dynastie des T'ang en 907, nous l'avons vu (page 62), l'anarchie avait recommencé. D'éphémères dynasties impériales se succédèrent dans la Chine du Nord, tandis que la Chine du Sud se morcelait entre plusieurs maisons provinciales. Enfin une grande dynastie nationale, celle des Song (960-1276), monta sur le trône impérial. Ses deux premiers souverains, T'ai-tsou (960-976) et T'ai-tsong (977-997), supprimèrent tous les royaumes provinciaux, rétablissant ainsi l'unité chinoise. Mais pendant les guerres civiles, l'extrême-nord du Ho-pei, — c'est-à-dire Pékin —, et du Chan-si était tombé en 936 au pouvoir d'un peuple mongol, celui des Kitat (ou K'i-tan). Tous les efforts du deuxième empereur Song pour leur reprendre Pékin échouèrent. De plus une tribu d'affinités tibétaines, les Tangout (ou Si-Hia), se rendit maîtresse, vers l'an Mille, du Kan-sou et de l'Ordos. A ces exceptions près, les Song, de leur capitale de K'ai-fong, au Ho-nan, régnèrent paisiblement sur l'ensemble de la Chine. Vers la fin du XIe siècle, les esprits furent agités par la querelle entre « réformistes, » et « conservateurs ». Le ministre réformiste Wang Nganche (1021-1086) promulgua en 1073 une série de règlements économiques de caractère étatiste et social, contre lesquels s'éleva le représentant des traditionalistes, Sseu-ma Kouang (1019-1086), par ailleurs connu comme auteur de la première histoire générale de la Chine.

Sous l'empereur Houei-tsong (1100-1125), célèbre comme peintre, collectionneur et archéologue, la Chine fut envahie par les Djurtchèt, peuple de race tongouse, c'est-à-dire parent de nos Mandchous, effectivement originaire de la Mandchourie et dont les princes furent connus en chinois sous le nom de Kin ou « Rois d'or ». Les Kin, détruisirent le royaume Kitat de Pékin (1122), puis envahirent l'empire Song, surprirent la capitale des Song, K'aifong, et firent l'empereur prisonnier (1126). Dans les années suivantes, ils enlevèrent aux Song toute la Chine du Nord. Les Song conservèrent la Chine du Sud, où Hang-tcheou, au Tchö-kiang, fut leur nouvelle capitale. Le territoire chinois vers le milieu du XIIe siècle se trouva donc partagé en trois Etats : le royaume tongous des Djurtchèt ou Kin dans la Chine du Nord et en Mandchourie, capitale Pékin ; l'empire national chinois des Song dans la Chine du Sud, capitale Hang-tcheou ; le royaume tangout ou Si-Hia au Kan-sou et dans l'Ordos capitale Ning-hia.

La Chine des Song, soit, dans sa première période, à K'ai-fong, soit après le recul de la capitale à Hang-tcheou, fut le siège d'une civilisation raffinée. La période de Hang-tcheou vit se développer la philosophie de l'Ecole des lettrés (*Jou kiao*) dont le principal théoricien fut Tchou Hi (1130-1200). Ce penseur élabora une sorte de monisme évolutionniste qu'on a pu comparer à celui de Herbert Spencer. Le système se réclame, bien entendu, de la tradition confucéenne, ou, plus exactement, de tout le néo-confucéisme des lettrés Song, bien qu'on puisse y déceler des influences taoïques, bouddhiques et même peut-être manichéennes, tant il s'agit ici d'un véritable syncrétisme, d'ailleurs puissamment cohérent : du non-être (*wou-ki*) sort l'Etre dans sa plénitude (*t'ai-ki*), assez analogue au vieux *tao* des Taoïstes et qui, sous l'action de la norme (*li*), c'est-à-dire des lois de la nature, émet, puis réabsorbe le monde suivant un déterminisme rigoureux et un processus éternel. — Tchou Hi est en même temps l'auteur d'une histoire générale de la Chine, aujourd'hui encore en usage.

Dans le domaine de l'art l'époque Song, époque de dilettantisme raffiné, nous a laissé une inimitable céramique, souvent monochrome ou en gamme de ton sur ton : bols et vases de *Ting* (Hopei) à l'émail crème, bruns-noirs du Ho-nan à reflets métalliques, craquelés *Kouan* et *Ko* en toiles d'araignée d'une délicatesse infinie, « clairs de lune » *Kiun* (Ho-nan), « fourrures de lièvre » du groupe *Kien* (Fou-kien), céladons de *Long-ts'iuan* (Tchö-kiang) d'un vert jade clair lumineux, etc. En même temps la peinture monochrome (lavis à l'encre de Chine) produisait une admirable école de paysagistes, tels que Ma Yuan, Ma Lin, Hia Kouei, Leang K'ai et Mou K'i (Xe-XIIIe siècles), dont l'inspiration « romantique » se traduit dans une facture que nous appellerions impressionniste paysages estompés de brume entre les premiers plans et la ligne d'horizon où les pics les plus vertigineux se dressent en apparitions irréelles, où l'écharpe de vapeurs d'eau, en noyant à demi la forme concrète des choses proches, ne laisse finalement subsister que l'espace pur dans l'idéalité des lointains. Jamais la face de la terre n'aura été devinée, traduite et aimée comme par ces vieux maîtres Song.

Gengis-khan et l'empire mongol

Les Mongols font partie de la race altaïque qui comprend en outre les Tongous (Mandchous, etc.), et les Turcs. Au XIIe siècle ceux d'entre eux auxquels l'histoire a réservé cette appellation de Mongols, habitaient la partie orientale de la Haute Mongolie (Mongolie Extérieure des nomenclatures actuelles), autour du bassin supérieur des rivières Onon et Kèrulèn. C'étaient des peuplades restées à un stade fort arriéré, pratiquant au point de vue religieux un grossier chamanisme. Ils se divisaient en : 1° tribus de pâtres nomades (« les gens de la steppe », *kè'èr-un irgèn*) qui, avec leurs chariots et leurs yourtes (*gèr*) de feutre démontables, transhumaient à la suite de leurs troupeaux à travers la steppe qui s'étend en bordure du Gobi ; et 2° tribus de forestiers (*hoyin-irgèn*) qui vivaient de la chasse, aux confins de la taïga sibérienne. C'étaient (et en particulier les pâtres de la steppe) de merveilleux cavaliers et des archers incomparables. Le Mongol du XIIIe siècle est essentiellement l'archer à cheval qui apparaît, crible l'adversaire de flèches, se dérobe, disparaît, reparaît plus loin pour une nou-

Chapitre VII

velle salve, jusqu'à ce que l'ennemi fourbu et épuisé soit bon pour l'assaut final. La mobilité de cette cavalerie lui conférait en effet une ubiquité hallucinante qui constituait déjà un avantage stratégique considérable sur les autres armées du temps. De plus, la virtuosité des pâtres ou des chasseurs mongols dans l'usage de l'arc équivalait au point de vue tactique à une sorte de « tir indirect » d'une non moindre influence sur l'issue du combat. Chinois, Iraniens, Russes, Polonais et Hongrois allaient en faire la cruelle expérience.

Le chef qui devait donner aux Mongols « l'empire du monde », Témudjin, le futur Gengis-khan (1167-1227), bien que de famille noble et descendant des anciens *khans* ou rois du pays, eut une enfance misérable. Avec ses jeunes frères et leur mère Höëlun, il se vit abandonné, à peine adolescent, par les gens de leur tribu. Devenu homme il obtint l'appui des Kérèit, peuple turco-mongol qui nomadisait plus à l'ouest, vers la haute Toula jusqu'au haut Orkhon et qui, par parenthèse, professait le christianisme nestorien. Avec l'aide du roi (le « Ong-khan ») des Kérèit, il triompha de diverses peuplades rivales, notamment des Tatar, tribus de race également mongole qui nomadisaient vers l'est, aux confins de la Mongolie et de la Mandchourie septentrionale et qu'il extermina (1202). Puis il se brouilla avec les Kérèit, les vainquit et annexa leur territoire, la Mongolie centrale (1203). En 1204 il écrasa de même les Naïman, peuple turc, de religion plus ou moins nestorienne, qui nomadisait en Mongolie occidentale et s'empara également de leur territoire. En 1206, ayant rallié, chassé ou détruit toutes les tribus de la Haute Mongolie, il fut, dans un *qouriltaï* (c'est-à-dire dans une assemblée solennelle) sur le haut Onon, reconnu comme *khan* suprême par les Mongols et par les divers peuples clients ou ralliés.

La Mongolie une fois unifiée sous son commandement, Gengis-khan entreprit la conquête de la Chine ou plutôt de deux des trois Etats qui se partageaient le territoire chinois (voir page 74), savoir le royaume tangout ou Si-Hia du Kan-sou (capitale Ning-hia) et le royaume tongous des Djurtchèt ou Kin qui possédait tout le reste de la Chine du Nord (capitale Pékin). A partir de 1211, Gengis-khan dirigea contre les Kin une série de campagnes à la suite desquelles les Mongols prirent Pékin (1215), tandis que la cour des Kin se retirait à K'ai-fong. Puis le Conquérant s'occupa du Turkestan.

Le Turkestan oriental (région de l'Issiq-koul, de l'Ili, du Tchou et Kachgarie) avait, de 1130 environ à 1211, appartenu aux Qara-Khitaï (une branche des Kitat émigrée de Chine, voir page 74), mais en 1211 le trône qara-khitaï avait été usurpé par un banni naïman nommé Kutchlug, ennemi personnel de Gengis-khan. En 1218 Gengis-khan envoya contre Kutchlug une armée qui le mit en fuite, le tua et annexa le pays. Plus à l'ouest s'étendait le sultanat de Khwârezm, empire turc musulman qui depuis 1194 avait succédé aux Turcs Seldjouqides en Perse et en Transoxiane et qui s'étendait sur l'Uzbekistan, l'Afghanistan et l'Iran actuels. En 1221, Gengis-khan l'envahit et prit Boukhârâ et Samarqand, après quoi il alla saccager les cités de l'Iran oriental et de l'Afghanistan, Merv, Balkh, Hérat, Ghaznî, etc. (1221-1222). Ce fut une effroyable destruction accompagnée d'atrocités terrifiantes. Les Mongols poussaient la population des villages voisins au premier rang à l'assaut des places fortes, puis la massacraient. « Ils tuaient tous les êtres vivants, jusqu'aux chiens et aux chats. » Aussi bien ces nomades ignoraient-ils tout ce qui a trait non seulement à la vie urbaine, mais même à l'économie agricole la plus élémentaire. Non seulement ils incendiaient et rasaient les villes, mais ils anéantissaient les cultures en détruisant les canalisations et en brûlant les semences. En somme ils s'efforçaient de convertir les labours en friches, de ramener la glèbe à leur steppe natale, seule utilisable pour leur cavalerie.

Deux lieutenants de Gengis-khan, Djèbè et Subötèi, lancés en pointe de reconnaissance, exécutèrent avec 20.000 cavaliers un raid fantastique autour de la mer Caspienne, à travers la Perse, le Caucase et la Russie méridionale (1221-1222). Ils saccagèrent au passage Reiy (près de Téhéran) et Hamadhan, montèrent au Caucase, ravagèrent la Géorgie, descendirent dans la steppe russe et détruisirent une armée russe près de la mer d'Azov, puis rentrèrent en Asie par la basse Volga. Quant à Gengis-khan, après avoir poursuivi jusqu'à l'Indus les débris des armées khwârezmiennes, il rentra à petites étapes de l'Afghanistan en Mongolie (1224). Sa dernière campagne fut dirigée, dans le nord-ouest de la Chine, contre le royaume tangout du Si-Hia (Kan-sou) dont la capitale, Ning-hia, fut prise par ses lieutenants au moment où lui-même venait d'expirer (1227).

Il y a un contraste curieux entre la barbarie générale des Mongols et le caractère personnel de Gengis-khan. Pâtres nomades ou chasseurs forestiers, les Mongols, on l'a vu, étaient encore à un stade culturel fort primitif. Ignorant tout, répétons-le, de la civilisation sédentaire et agricole, ils ne savaient (tout au moins à cette époque) que détruire. Telle une irruption de Peaux-Rouges, dans les fermes du Canada ou de la Nouvelle Angleterre. Mais dans les limites de ces données, Gengis-khan se révèle comme un esprit pondéré, un chef équitable, d'amitié sûre, capable de générosité envers un adversaire qui s'est bien battu, prisant avant tout la fidélité et abhorrant les traîtres, un bon administrateur et un politique sage. A son avènement la société mongole traversait une phase d'anarchie et de décomposition. Il y ramena l'ordre, les vertus domestiques, la moralité, la discipline. Enfin ce Barbare eut le mérite d'aiguiller les Mongols dans les voies de la civilisation en faisant appel pour cela à ceux des peuples turco-mongols qui étaient déjà civilisés, notamment aux Kitat, pénétrés de culture chinoise, et surtout aux Turcs Ouigour de Tourfan, Qarachahr et Koutcha, qui mirent à sa disposition leurs lettrés bouddhistes ou nestoriens. L'écriture ouigoure devint celle de la chancellerie mongole. Le christianisme nestorien, depuis longtemps acclimaté chez les Turcs de la Haute Asie (Kérèit de la Mongolie Extérieure, Öngut de la Mongolie Intérieure, Ouigour, etc.), bénéficia d'un régime de faveur dans la famille gengis-khanide et contribua, avec le bouddhisme des Kitat, à adoucir assez rapidement les mœurs des Mongols.

Les successeurs de Gengis-khan

Gengis-khan avait eu quatre fils : Djötchi, Djaghataï, Ögödèi et Toloui. Ils reçurent en apanage : *Djötchi* les steppes au nord de la mer d'Aral, depuis le Balkhach jusqu'à l'embouchure de la Volga ; *Djaghataï* la région de l'Ili (Sémiretchié) à quoi ses successeurs ajoutèrent la Kachgarie et la Transoxiane ; *Ögödèi* la région de l'Émil et du Tarbagataï, au sud-ouest de la Mongolie ; enfin *Toloui* la Mongolie orientale (Onon et Kèrulèn). Ce fut le troisième fils de Gengis-khan, Ögödèi, qui lui succéda, avec le titre de *qaghan* ou « grand-khan » (1229-1241).

Sous le règne d'Ögödèi l'empire mongol commença à s'organiser à la manière des grands Etats civilisés, sous l'influence des conseillers kitat ou ouigour, — bouddhistes ou nestoriens — du monarque. « L'empire, disait l'un d'eux, a été fondé à cheval, mais il ne peut être gouverné à cheval. » Ögödèi se donna même une capitale fixe, Qaraqoroum sur le haut Orkhon (1235). Cependant la conquête mongole continua. En 1231. les Mongols achevèrent de soumettre la Perse. Du côté de l'Europe, Ögödèi envoya une grande armée commandée par son neveu Batou (fils et successeur de Djötchi) qui envahit la Russie, prit et brûla les capitales russes, Riazan, Vladimir, Kiev (1237-1240). Pour plus de deux siècles, — jusqu'en 1481 —, la Russie était soumise au joug mongol. Une partie de l'armée mongole alla ravager la Pologne et poussa jusqu'en Silésie (bataille le Liegnitz, 9 avril 1241). Avec le gros de ses forces, Batou, que secondait le stratège mongol Subötèi, pénétra en Hongrie, écrasa l'armée magyare à Mohi (11 avril 1241) et lança ses avant-gardes jusqu'aux environs de Vienne et à la côte dalmate. Les Mongols ne cherchèrent d'ailleurs pas à se maintenir en Pologne et en Hongrie, mais ils conservèrent la suzeraineté des principautés russes et surtout la possession directe des steppes de la Russie méridionale que Batou ajouta à son domaine antérieur à l'est de la basse Volga. Ainsi fut fondé en sa faveur le khanat mongol de la Russie méridionale, connu de l'histoire sous le nom de *khanat de Qiptchaq* ou de *Horde d'Or* et dont les derniers représentants devaient se perpétuer en Crimée jusqu'en 1783.

Avant même que ses lieutenants conquissent la Russie, le grand-khan Ögödèi avait personnellement achevé la conquête du royaume kin de la Chine du Nord dont la dernière capitale, K'ai-fong au Ho-nan, fut prise par les Mongols en 1233. Le deuxième successeur d'Ögödèi, le grand-khan Mongka (1251-1259) commença la conquête de l'empire national chinois de la dynastie Song (Chine méridionale, capitale Hang-tcheou, au Tchö-kiang). D'autre part Mongka envoya son frère cadet, Hulègu gouverner la Perse, à cette époque presque entièrement soumise aux Mongols. Hulègu ajouta à l'apanage ainsi constitué en sa faveur le patrimoine temporel des khalifes 'abbâsside de Baghdâd (Iraq) : Baghdâd fut prise par les Mongols le 10 février 1258 et le dernier khalife fut foulé aux pieds des chevaux. Ainsi fut fondé en faveur de la maison de Hulègu *le khanat mongol de Perse* qui eut son centre en Azerbaïdjan, autour de Tauris, et qui devait durer jusqu'en 1335. Les khans de Perse :

Hulègu (1256-1265), Abaqa (1265-1282), Arghoun (1284-1291) et Ghazan (1295-1304) intéressent non seulement l'histoire de l'Asie, mais encore l'histoire de l'Europe. Ayant pour adversaires naturels les Mameloûks d'Egypte et de Syrie, lesquels étaient les champions de l'islamisme, ils furent amenés non seulement à favoriser longtemps chez eux les chrétiens indigènes, nestoriens, monophysites ou arméniens, mais aussi à offrir leur alliance aux derniers Croisés on les vit même proposer aux Croisés de reconquérir pour eux Jérusalem sur les Mameloûks, offre qui ne fut malheureusement pas prise en considération, ce qui amena l'échec définitif des Croisades (ambassade sans résultat du nestorien mongol Habban Çauma à Paris auprès de Philippe le Bel 1287, chute de Saint-Jean d'Acre, 1291).

Qoubilaï, frère de Mongka, lui succéda comme grand-khan (1239-1294). Maître, de ce fait, de la Mongolie et des parties déjà soumises de la Chine (Chine du Nord), il y ajouta l'empire Song (Chine méridionale) dont il acheva la conquête (prise de Hang-tcheou, la capitale des Song, en 1276). Il se trouva ainsi possesseur de la Chine entière, ce qui n'était arrivé avant lui à aucun conquérant étranger. Délaissant le séjour de Qaraqoroum, il mit sa capitale à Pékin, appelé en turco-mongol Khanbaliq, « la ville du khan » (mot dont les voyageurs occidentaux ont fait *Cambaluc*), et ce changement de résidence montrait nettement qu'avec lui l'empire mongol de son aïeul Gengis-khan tendait à devenir un empire chinois.

Qoubilaï fut moins heureux dans ses tentatives pour soumettre le Japon, l'Indochine et Java, ou pour imposer sa suzeraineté à ses cousins, les khans des branches d'Ögödèi et de Djaghataï qui régnaient au sud-ouest de la Mongolie et au Turkestan. Mais en Chine il réalisa pleinement son dessein qui était de faire de sa maison (en chinois la dynastie des *Yuan*) l'héritière des dix-neuf dynasties impériales chinoises. Grand-khan aux yeux des Mongols, il entendait être aux yeux des Chinois un véritable Fils du Ciel. Au point de vue religieux, il favorisa particulièrement le bouddhisme, mais il montra aussi, à l'exemple de ses prédécesseurs, de la bienveillance pour les chrétiens nestoriens, nombreux parmi les Turcs du Gobi et représentés de ce fait jusque dans sa famille. Enfin il fut en rapport avec l'Occident. Ses prédécesseurs avaient déjà reçu la visite de deux ambassadeurs venus de l'Europe latine, savoir le franciscain Plan Carpin envoyé par le Pape en Mongolie en 1246 et un autre franciscain, Rubrouck, envoyé par saint Louis auprès du grand-khan Mongka et qui avait visité Qaraqoroum en 1254. Qoubilaï reçut de même la visite du célèbre Vénitien *Marco Polo*, venu par la Perse, le Pamir et le Turkestan chinois et dont le séjour en Chine dura de 1275 à 1291. Bien accueilli par Qoubilaï, Marco Polo eut le temps de visiter les diverses régions de la Chine dont il a dressé le bilan économique (exportation de la soie, importation des épices de l'océan Indien, importance du trafic fluvial sur le Yang-tseu, puissance des guildes chinoises, généralisation du papier-monnaie, richesse des villes de *Quinsai*, c'est-à-dire Hang-tcheou et de *Çaiton*, c'est-à-dire Ts'iuan-tchou au Foukien). En 1292 Marco Polo reprit la route de l'Europe par la voie de mer. Après lui, la Chine mongole fut visitée par des missionnaires catholiques, notamment par les deux franciscains Jean de Montcorvin qui fonda un archevêché à Pékin en 1307, et Odoric de Pordenone, tous deux venus par la voie maritime, et dont le second nous a laissé, comme Marco Polo, un récit intéressant de son séjour (1324-1328).

Tamerlan

Les khanats mongols fondés en Chine, en Perse et au Turkestan par les Gengiskhanides ne tardèrent pas à se laisser assimiler par le milieu, ce qui les différencia moralement les uns des autres et rompit entre eux le lien de la solidarité ethnique. *La dynastie mongole de Chine*, de plus en plus sinisée, s'amollit et tomba dans une rapide décadence, si bien qu'en 1368 elle fut assez facilement boutée hors de Chine par la révolte nationale chinoise des Ming. De son côté, *la dynastie mongole de Perse*, gagnée aux idées persanes et devenue depuis 1295 entièrement musulmane, s'éteignit en 1335, en laissant son héritage disputé entre ses grands vassaux, de souche mongole ou iranienne, qui y créèrent d'éphémères royaumes provinciaux. Quant au *khanat mongol des deux Turkestans* (Turkestan russe et Turkestan chinois actuels), qu'on appelait *le khanat de Djaghataï*, du nom de son fondateur, le deuxième fils de Gengiskhan, il eut un sort analogue. Les Mongols y furent sensiblement assimilés par le milieu turc musulman. Du reste, les khans dja-

Chapitre VII

ghataïdes n'y maintinrent finalement leur autorité que dans la partie orientale du pays, c'est-à-dire au Sémiretchié (Ili), et dans l'actuel Turkestan chinois (Sin-kiang). A l'ouest, en Transoxiane (Samarqand et Boukhârâ), la féodalité turque locale se rendit indépendante (1346). En 1370 un des chefs de cette féodalité turque, l'émir Timour, notre *Tamerlan*, après s'être débarrassé de ses rivaux, fut reconnu par ses compatriotes comme roi de Transoxiane (capitale à Samarqand), et aussitôt il commença ses conquêtes.

Tamerlan parut aux yeux des Occidentaux vouloir restaurer l'empire de Gengis-khan. En réalité ce ne fut là qu'une apparence. Contrairement à ce qu'on semble croire, son empire ne fut nullement un empire mongol, mais uniquement un empire turc. De plus (à la différence de Gengis-khan, qui était chamaniste et qui, pour le reste, révérait plus ou moins le bouddhisme et le nestorianisme), ce Turc de Transoxiane fut un musulman fanatique. Ses cruautés, égales à celles des Mongols, nous paraissent plus inexcusables parce qu'elles étaient le fait non d'un barbare comme Gengis-khan, mais d'un personnage cultivé, grand amateur de littérature persane et tout plein de citations coraniques. Son génie militaire est d'autre part indéniable et fait de lui un des grands capitaines de l'histoire. En trente-cinq ans de règne (1370-1405) il soumit toute l'Asie Antérieure. Il déposséda d'abord les diverses dynasties provinciales qui, après la disparition des khans mongols de Perse, s'étaient partagé ce pays, et subjugua ainsi tout l'Iran, non sans commettre partout, à Hérat, à Ispahan, à Chîrâz, à Baghdâd, d'effroyables massacres attestés par des pyramides de têtes humaines. Etant entré en lutte avec le khanat de la Russie mongole (Horde d'Or), il fit dans ce pays une invasion triomphale, sans cependant, comme on l'a prétendu à tort, pousser jusqu'à la Russie moscovite (1391). En 1398 il envahit le sultanat turc musulman de l'Inde septentrionale (de même race et de même religion que lui, cependant) dont il saccagea la capitale, Delhi. En 1400, il attaqua les Mameloûks, maîtres de l'Egypte et de la Syrie, et dévasta cette dernière province (sac d'Alep et de Damas). Enfin en 1402 il se heurta à l'empire ottoman, maître de l'Asie Mineure. Vainqueur du sultan ottoman Bajazet (Bayézid) II à la bataille d'Ankara (20 juillet 1402), Tamerlan poussa ses armes jusqu'à la mer Egée, en vue de Constantinople.

L'empire de Tamerlan ne lui survécut pas. Ses fils perdirent vite la Perse occidentale (1408). Le plus remarquable d'entre eux, Châh Rokh (1407-1447), conserva l'Iran oriental (Khorassan) et la Transoxiane avec Hérat comme capitale. Châh Rokh et son fils Olough-beg (1447-1449) furent aussi pacifiques que Tamerlan avait été guerrier. Ils firent de Hérat et de Samarqand de brillants foyers de la civilisation persane, si bien que leur époque fut marquée par une véritable renaissance, connue dans l'histoire sous le nom de *Renaissance Timouride*. Samarqand s'embellit de monuments dont le premier en date est le fameux Goûr-émir qui sert de tombeau à Tamerlan. Hérat vit fleurir une école de peinture ou, plus exactement, de miniature dont le principal maître fut un très grand artiste, Bihzâd, lequel peignait entre 1479 et 1525 environ.

Pendant ce temps, depuis quatre siècles, la pensée musulmane, au milieu de toutes ces catastrophes, suivait la voie tracée par le vieux théologien d'expression arabe Ghazali (1058-1112), originaire de Thoûs, au Khorassan — « le Pascal musulman » — qui avait conduit la spéculation de l'intellectualisme d'Avicenne (voir p. 67) sur le chemin du piétisme et de la mystique.

Chapitre VIII
Ottomans, Séfévides, Grands-Moghols et Mandchous

La conquête ottomane

Pendant tout le haut moyen âge, du Ve au XIe siècle, la péninsule d'Asie Mineure, depuis longtemps hellénisée, avait été le bastion de l'empire byzantin. Nous avons vu qu'en 1081 la partie orientale et centrale du plateau anatolien (Cappadoce, Lycaonie, Phrygie, etc.) avait été enlevée aux Byzantins par les Turcs Seldjouqides arrivés là à travers la Perse. Une branche de la famille seldjouqide y avait fondé un sultanat particulier qui eut pour capitale Qonya, l'ancien Iconium et qui dura de 1081 à 1300 environ.

L'œuvre de ces sultans seldjouqides de Qonya qui remplit les XIIe et XIIIe siècles fut importante pour le destin du Proche-Orient. Ce sont eux en effet qui ont déshellénisé le plateau d'Anatolie pour en faire, à l'instar de leur patrie originelle d'Asie Centrale, *un autre Turkestan*, destiné à devenir « la Turquie définitive ». Mais en même temps ces rois turcs se plaisaient à porter des noms persans, empruntés aux héros de l'épopée iranienne du *Châh-nâmé* : Kaï Khosrau, Kaï-Kâous, Kaï-Qobâd. De fait, leur cour était largement pénétrée de culture iranienne, le persan y jouait le même rôle de langue de civilisation que le latin dans notre Occident médiéval et nous avons vu qu'un des plus grands poètes *çoûfi* (c'est-à-dire mystiques) persans, Djelâl ed-Dîn Roûmî (1207-1273), était venu de Balkh fonder à Qonya son célèbre ordre de derviches.

Après l'extinction de la dynastie seldjouqide (vers 1300), l'Anatolie musulmane fut partagée entre plusieurs maisons turques locales parmi lesquelles nous mentionnerons celle de Qaramân qui s'établit dans la région de Qonya (1310-1390, puis de nouveau 1403-1467), celles de Kermian, de Sarou-khan et d'Aïdin qui dans le courant du XIVe siècle enlevèrent aux Byzantins l'ancienne Lydie et l'ancienne Ionie, et surtout celle des Ottomans destinée à une si prodigieuse fortune.

Dans le lotissement du sultanat seldjouqide, les *Ottomans* s'étaient adjugé le nord-ouest de l'ancienne Phrygie, aux confins de la riche province byzantine de Bithynie. Othmân, le héros éponyme de la dynastie († 1326,) et son fils Orkhân (1326-1360) conquirent sur l'empire byzantin les villes bithyniennes de Prusa ou Brousse (1326), Nicomédie ou Izmîd (vers 1330) et Nicée ou Izniq (1331). Le sultan Mourâd Ier qui vint ensuite (1360-1389) fonda la grandeur ottomane en imposant son hégémonie aux autres dynasties turques de l'Anatolie et en prenant solidement pied en Europe par la conquête d'Andrinople (1362), conquête qui fut suivie de celle de la Roumélie et de la Macédoine. Bayézîd Ier (Bajazet) surnommé Yildirim ou l'Eclair (1389-1402) acheva en Europe la conquête de la Serbie et de la Bulgarie, triompha à Nicopolis de la croisade bourguignonne et hongroise (1396) et en Asie déposséda ou se subordonna étroitement les autres dynasties turques d'Anatolie. Il semblait à la veille de s'emparer de Constantinople quand le désastre que lui infligea Tamerlan à Ankara le 20 juillet 1402 arrêta pour près d'un demi-siècle la conquête ottomane (voir page 86).

La marche en avant des Ottomans reprit avec le sultan Mahomet II (1451-1481) qui en finit avec les derniers débris de l'empire byzantin : le 29 mai 1453, Mahomet II, réalisant le rêve huit fois séculaire de l'Islam, s'empara de Constantinople qui, sous le nom d'Istanboul, remplaça Brousse comme capitale. Il acheva la conquête des Balkans par l'annexion de la Serbie et de la Grèce, la conquête de l'Anatolie par l'annexion de l'émirat de Qaramân (Qonya). Sélîm Ier (1512-1520), détruisit le sultanat des Mameloûks dont il annexa le territoire, Syrie et Egypte (1517). Sélîm ajouta au titre de sultan celui de khalife, réunissant ainsi dans sa personne « ces deux moitiés de Dieu, le pape et l'empereur ». Soliman le Magnifique (1520-1566) accrut encore la situation mondiale de la Turquie. En Asie il enleva Baghdâd aux persans (1534). En Europe, il conquit la Hongrie (bataille de Mohacz, 1526) et fit figure d'arbitre dans la lutte de François Ier et de Charles-Quint.

Le reste de l'histoire de la Turquie appartient à l'histoire de l'Europe. La Turquie, malgré le caractère asiatique de sa race, de sa religion et de sa culture, est au XVIe et au XVIIe siècle une grande puissance européenne qui s'impose comme un facteur de premier ordre dans toutes les affaires diplomatiques du temps. Elle ne perdra ce rôle au XVIIIe siècle que pour devenir l'enjeu des rivalités entre Etats européens. Ce qui importe à l'histoire de l'Asie, c'est le fait qu'un peuple de race altaïque, de religion arabe, de culture arabo-persane ait pu acquérir une telle place dans les destinées de notre continent. La conquête ottomane représente en effet la plus grande poussée de l'Asie vers l'Europe. Avec Alexandre l'Europe avait pénétré jusqu'au pied du Pamir et au seuil du monde gangétique. Avec Soliman le Magnifique, l'Asie s'avance jusqu'aux portes de Vienne.

La Perse séfévide

Après la mort de Tamerlan (1405) et tandis que ses descendants, les Timourides, se maintenaient encore dans l'Iran Oriental (Khorassan) et en Transoxiane (Boukhârâ et Samarqand), la Perse occidentale avait été disputée entre diverses hordes turcomanes (hordes dites du Mouton Noir et du Mouton Blanc). Ces Turcomans furent enfin abattus par une grande dynastie nationale persane, la dynastie des Séfévides. Après tant de dominations turco-mongoles, les *châhs* séfévides (1501-1736) rétablirent dans tous les domaines l'indépendance persane, restauration attestée par le triomphe de la doctrine chî'ite reconnue dès lors comme religion nationale, et seule forme orthodoxe de l'Islam persan, en opposition aux doctrines sunnites de l'Islam turc.

Le premier Séfévide, Châh Ismâ'îl (1501-1524), ne détruisit pas seulement les hordes turcomanes jusque là maîtresses de la Perse occidentale. En Transoxiane (Boukhârâ et Samarqand) et au Khorassan (Hérat), d'autres Turcomans, les Uzbek, venaient (1500-07) de succéder aux derniers descendants de Tamerlan. A ces Uzbek, d'autant plus haïs qu'ils professaient la doctrine sunnite, Châh Ismâ'îl enleva en 1510 le Khorassan, les rejetant ainsi en Transoxiane où ils restèrent depuis confinés. Mais sur sa frontière occidentale la Perse retrouvait en face d'elle la race turque et la croyance sunnite dans la personne des Ottomans, alors en pleine expansion. Le deuxième Séfévide, Châh Tahmâsp (1524-1576), dut abandonner aux Ottomans l'Irâq et Baghdâd (1534).

La dynastie séfévide atteignit son apogée avec Châh 'Abbâs (1587-1629), vainqueur des Uzbek au nord-est et des Ottomans à l'ouest (grâce à lui la Perse, de 1623 à 1638, récupéra momentanément Baghdâd). Châh 'Abbâs fit de sa capitale, Ispahan, une des plus belles villes du monde avec, groupés autour de la place royale (*Meidân-i Châh*), le *Masdjîd-i Châh* ou mosquée royale au revêtement de briques vernissées jouant sur toute la gamme des bleus, et les palais de l'*Alâ-qapî* et du *Tchihil-soutoûn*, ceux-ci décorés de délicates fresques. L'époque séfévide vit en effet se développer une remarquable école de peinture, héritière de l'école timouride. Bihzâd († v. 1536) le plus grand peintre de la cour timouride de Hérat (voir page 86). se fixa après 1510 à Tauris où il forma une lignée de miniaturistes et d'enlumineurs (Soltan Mohammed, Aqâ Mîrak), dont le centre, à partir du règne de Châh 'Abbâs, se transporta à Ispahan. L'élégance aristocratique et la finesse des maîtres séfévides, accentuées dans les scènes de cour, de chasse ou d'idylle par la sveltesse des formes, le conventionnalisme des thèmes et la délicatesse du coloris, restent, malgré tout soutenues par un réel sentiment de grandeur qui les empêche, pour quelque temps encore, de tomber dans l'excès de préciosité.

La dynastie séfévide ne survécut que peu d'années à une invasion des Afghans qui en 1722 s'avancèrent jusqu'à Ispahan qu'ils dévastèrent. Un aventurier énergique, Nâdir-châh, rétablit un moment la grandeur persane (1736-1747). Après lui, la Perse retomba dans l'anarchie et la dynastie turcomane des Qâdjâr qui s'imposa ensuite au pays avec Téhéran comme capitale (1779-1925) ne sut pas procéder aux réformes nécessaires.

L'Inde des Grands Moghols

L'Inde, nous l'avons vu (page 71), un moment unifiée au commencement du XIVe siècle, par te sultanat turco-afghan de Delhi, s'était après 1350 morcelée de noveau en plusieurs Etats. Les principaux étaient : 1° Le sultanat de Delhi, ou ce qui en subsistait, c'est-à-dire le bassin occidental du Gange et le bassin de l'Indus ; 2° Les autres Etats musulmans qui s'étaient formés au détriment du sultanat de Delhi, notamment les royaumes du Bengale, du Goudjerât et du Dékhan bahmanide ; 3° Le dernier royaume hindou, celui de Vidjayanagar qui comprenait l'extrême sud (Maïssore et Carnate) et qui ne devait être détruit par les musulmans qu'en 1565. A la fin du XVe siècle, le morcellement s'accrut encore par le partage du royaume bahmanide du Dékhan entre plusieurs petits sultanats provinciaux : Bérâr, Ahmednagar, Bîdar, Bidjâpoûr, Golconde.

Ce fut au milieu de cette confusion qu'apparut *Bâbour*.Bâbour était le dernier descendant de Tamerlan, le dernier des rois timourides de Transoxiane. Chassé en 1512 de son patrimoine de Samarqand par les Turcomans Uzbek, il vint chercher fortune en Afghanistan, d'où en 1526 il envahit l'Inde. La victoire de Pânîpat (20 août 1526) lui livra le sultanat de Delhi. Sou fils Houmâyoûn (1530) faillit reperdre sa conquête mais Akbar, successeur d'Houmâyoûn, assit définitivement la grandeur de leur maison (1556-1605). Ainsi fut fondé l'empire timouride de l'Inde, communément appelé l'empire des *Grands-Moghols* parce que Tamerlan et ses descendants prétendaient se rattacher aux anciens Mongols gengiskhanides bien qu'ils fussent en réalité des Turcs. Ajoutons que, Turcs de race et musulmans de religion. les Grands Moghols, pour la plupart princes lettrés et amateurs délicats, étaient tout pénétrés de culture persane, si bien que la conquête de l'Inde par ces souverains éclairés équivalut, dans le domaine artistique et littéraire, à une nouvelle vague de cet « humanisme persan » dont les précédents sultans de Delhi s'étaient déjà faits les propagateurs dans le monde indo-gangétique.

Akbar doubla l'étendue de l'empire de Delhi en annexant le Goudjerât (1572) et le Bengale (1576) et en prenant pied au

Dékhan par la conquête du Bérâr (1572) et d'Ahmednagar (1595).

Akbar fut un des hommes d'Etat les plus compréhensifs, de l'histoire. Après avoir triomphé de la fière chevalerie hindoue des Radjpoutes (dont l'aire d'extension dépassait alors sensiblement les limites du Radjpoutana actuel), il sut par sa générosité non moins chevaleresque s'attacher par un lien de fidélité personnelle ces brillants féodaux dont le loyalisme à son égard ne se démentit plus. Sa foi musulmane, d'ailleurs, ne montrait aucune intolérance à l'égard de l'hindouisme. Comme Alexandre le Grand avait favorisé les mariages entre Macédoniens et Perses, Akbar provoqua des unions entre seigneurs « moghols » et princesses radjpoutes. Au brutal « régime du cimeterre » qui avait en principe été celui des anciens sultans de Delhi envers la masse hindoue, il substitua une administration régulière et tolérante. Lui-même s'intéressait personnellement à la pensée indienne et se faisait traduire les grandes œuvres de la littérature et de la philosophie brahmaniques et bouddhiques. Empereur philosophe comme Açoka et Marc-Aurèle, il chercha à fondre l'hindouisme et l'islam dans une unité supérieure qu'il appela la « religion divine » (*Dîn Ilâhî*). La conception de l'islam qui était la sienne et qu'il cherchait ainsi à rapprocher de la mystique indienne, était celle des çoûfi, tendance mystique extrême du chî'isme persan, faite d'un « immanentisme » déjà assez voisin, par lui-même, du monisme hindou.

L'influence persane, en effet, restait prépondérante à la cour moghole. Le persan restait la langue favorite de cette cour, à côté de l'*hindoustani* propagé comme langue administrative indigène, à titre de véhicule commun au milieu des innombrables dialectes locaux. La même influence se marque déjà dans les monuments qu'Akbar éleva à Fathpour-Sîkrî, mais le résultat de ces tendances ne se fit vraiment sentir dans l'art que pendant les règnes suivants, sous son fils Djahângîr (1605-1628) et sous son petit-fils Châh-Djahân (1628-1659). Le *Tâdj Mahall* d'Agra (1632, 1648), le palais impérial de Delhi (1638), les grandes mosquées d'Agra et de Delhi (1644, 1648), tous ces monuments immortels nous montrent le triomphe d'un véritable classicisme avec une pureté et un goût exquis dans la grandeur. On y retrouve, mais cette fois harmonieusement fondues, les traditions hindoues et les influences persanes. Il en va de même pour la peinture. Les premiers miniaturistes

« moghols » relèvent encore presque exclusivement des écoles iraniennes de Hérat, de Tauris ou d'Ispahan. Mais bientôt sous Djahângîr et Châh Djahân, l'action du naturalisme éternel de l'Inde se fait sentir ; elle vivifie et étoffe l'élégance trop aristocratique et conventionnelle des modèles persans, leur confère une sève nouvelle, un nouveau souffle d'humanité. Ce naturalisme se manifeste dans les représentations d'animaux, puissantes et larges, désormais plus proches de l'art indien de Sântchi et de Mamallapouram que des bêtes trop bien dressées des chasses persanes. Enfin sous des influences venues d'Europe — modèles italiens ou hollandais —, la peinture moghole nous donne de Djahângîr, de Châh Djahân et des seigneurs de leur temps des portraits d'une puissance et d'une acuité qui permettent parfois d'évoquer l'art d'un Clouet. Souvent ces portraits et les scènes de la vie de cour qui leur servent de thème ont pour fond de véritables paysages où les ciels de l'Inde nous livrent leurs tons les plus chauds. Tandis qu'une technique d'origine iranienne se laisse ainsi pénétrer par le souffle indien, l'influence de l'Iran se fait sentir sur les écoles de peinture proprement hindoues qu'elle rénove, donnant ainsi naissance aux charmantes miniatures des écoles radjpoutes (écoles du Radjpoutana et de Kangra).

Le dernier « grand-moghol » digne de ce nom fut Aurengzêb (1639-1707), personnage étrange qui porta à son apogée la puissance territoriale de l'empire puisqu'il annexa les deux derniers royaumes musulmans du Dékhan, Bîdjâpoûr (1686) et Golconde (1687), mais qui par sa tyrannie et son fanatisme musulman provoqua la révolte de l'élément hindou. Sa mort, fut suivie à brève échéance du démembrement de son empire, finalement réduit à la banlieue de Delhi et d'Agra. Les gouverneurs de provinces se rendirent indépendants : c'est ainsi que furent fondés les royaumes musulmans du Bengale, de l'Aoudhe et, au Dékhan, celui du Nizam d'Haïdérabad (1724).Le Pendjâb tomba progressivement au pouvoir des *Sikhs*, secte qui professait un syncrétisme islamo-hindouiste et qui sous son *gourou* Govind Singh (1675-1708) avait commencé à s'organiser en puissance militaire. Mais ce furent surtout les *Marathes*, montagnards hindous de la région de Pouna, dans l'actuelle Présidence de Bombay, qui se taillèrent la plus large part dans l'héritage de l'empire moghol. Sous le règne d'Anrengzêb leur chef Sivâdjî les avait appelés à l'indépendance (1674-1680). Des dynasties marathes fondèrent des royaumes particuliers, celle des Holkar à Indore au Mâlva méridional (1733), celle des Sindhia à Oudjein et à Gwalior, au Mâlva septentrional (1738), celle des Bhonsla au Bérar et au Nâgpour (1734), celle des Gaikwâr à Baroda, au Goudjerât (1732). Ces quatre dynasties reconnaissaient la suzeraineté de la dynastie marathe de Pouna, près de Bombay, ou plutôt des *pêchwâ* ou maires du palais qui gouvernaient en son nom. En réalité le lien qui unissait entre eux les divers princes de la Confédération marathe était fort lâche et malgré le prestige personnel qu'acquirent certains d'entre eux comme « le Grand Sindhia » Mahâdadji Râo (1761-1794), politique avisé qui joua un moment le rôle de protecteur des derniers empereurs moghols de Delhi, les Marathes allaient être incapables d'arrêter la conquête de l'Inde par les Anglais. L'expansion marathe n'en est pas moins importante dans l'histoire indienne parce qu'elle marque la revanche de l'élément hindou sur l'élément musulman, le commencement de la reconquête de l'Inde par les populations brahmaniques sur les conquérants turco-iraniens descendus sept siècles plus tôt de la Transoxiane et de l'Afghanistan dans la plaine indo-gangétique.

La Chine des Ming et des Mandchous

Les Mongols de la famille de Gengis-khan et de Qoubilaï furent chassés de Chine en 1368 par une révolte nationale chinoise partie des provinces méridionales. Le chef du mouvement national, Tchou Yuan-tchang, devenu empereur sous le nom de Hong-wou, fonda la dynastie des *Ming* qui régna de 1368 à 1644 avec pour capitales d'abord Nankin, puis, à partir de 1409, Pékin. Le troisième empereur ming, Yong-lo (1403-1424), essaya en vain d'entraîner son peuple dans la voie de l'expansion militaire. Après lui la dynastie des Ming se montra constamment pacifique, se contentant de se maintenir sur la défensive en présence des hordes de la Mongolie. La pensée chinoise, repliée sur elle-même, manifestait les mêmes tendances conservatrices. Le confucéisme des lettrés réagissait contre les religions étrangères, même contre le bouddhisme qu'avait favorisé la domination mongole. Il en alla de même dans l'art. Les peintres ming cristallisèrent en un académisme d'ailleurs plein de talent les libres créations des grands paysagistes song. Quant à la céramique, elle continua à fabriquer des monochromes, notamment des céladons encore fort beaux (s'ils n'ont plus la luminosité des céladons song) et y ajouta des pièces à décor peint où dominent de magnifiques bleus, mais qui marquent un goût déjà caractéristique pour l'épisode.

Malgré son repliement, la Chine des Ming reçut au XVIe siècle la visite des navigateurs portugais qui s'installèrent à Macao (1557) et qui amenèrent avec eux les missionnaires jésuites. Le célèbre jésuite Matthieu Ricci, arrivé à Macao en 1582, mort à Pékin en 1610, bénéficia, grâce à ses connaissances astronomiques, de la faveur de l'empereur ming Wan-li.

Ce fut vers la même époque que le Tibet acheva de se constituer en théocratie bouddhique. — Le peuple tibétain, proche parent des Birmans, était longtemps resté barbare. Le bouddhisme qui le civilisa avait été prêché dans ce pays à partir du VIIe siècle de notre ère (missions des moines indiens Padma Sambhava vers 750, et Atîça vers 1050). La doctrine bouddhique qui y prévalut, le *tantrisme*, était une forme dégénérée du *mahâyâna*, détournant la mystique mahâyânique vers la sorcellerie et la magie. Au XVe siècle le bouddhisme tibétain fut réformé par le moine Tsong Kha-pa († 1419), dont les partisans constituèrent l'Eglise lamaïque jaune. Les successeurs de Tsong Kha-pa, les *dalaï-lamas*, furent considérés comme les réincarnations du bodhisattva Avalokiteçvara. Ils eurent leur résidence à Lhassa, ville devenue ainsi « le Saint-Siège » de cette autre Papauté. Il y avait d'ailleurs longtemps que les monastères tibétains jouaient le rôle d'un véritable « conservatoire » des écritures saintes du bouddhisme indien. Quant aux bronzes tibétains, ils cristallisent de même les traditions de l'art mahâyânique du Bengale depuis le IXe siècle, comme les bannières tibétaines, avec leur coloris si vif, conservent la tradition de la peinture indienne d'une part, de la peinture bouddhique chinoise de l'autre.

En Chine la dynastie des Ming, renversée en 1644, fut remplacée par les *Mandchous*, peuple de race tongouse descendu de l'actuelle Mandchourie et qui, du reste, se sinisa rapidement. L'empereur mandchou K'ang-hi (1669-1722), malgré son origine tartare, fut un des plus grands souverains qu'ait eus la Chine. Il établit le protectorat chinois sur la Mongolie orientale (pays des Khalkha) et sur le Tibet. Son petit-fils K'ien-long (1736-1796) soumit encore la Mongolie occidentale (pays des Eleuthes, Dzoungares ou Kalmouk) et la Kachgarie (1757-1759), réalisant ainsi le programme millénaire de l'expansion chinoise en Asie. Tous deux, reprenant l'œuvre des Ming, refirent de Pékin ou plutôt de la Ville Impériale qui en forme le centre un ensemble de palais, de terrasses, de ponts de marbre, de jardins et de perspectives dignes des plus grandes traditions chinoises. L'art de cette époque est également représenté par la céramique (famille verte sous K'ang-hi, famille rose sous Yong-tcheng et K'ien-long). — Ajoutons que les missionnaires jésuites, en raison de leurs connaissances en astronomie, en mathématiques et en peinture, continuèrent à être en faveur auprès de K'ang-hi, mais après K'ien-long l'hostilité du milieu confucéen parvint à faire retirer aux Missions la protection impériale.

Cependant, la Chine s'était laissé partout distancer.

Sous les Ming, le génie chinois, jusque-là si puissamment créateur, s'était déjà replié sur lui-même et comme assoupi, tandis que l'Europe, par la Renaissance, les grandes découvertes et les débuts de l'esprit scientifique, se renouvelait. Les premiers Mandchous, surtout K'ang-hi, avaient un moment paru vouloir rattraper le temps perdu : l'intérêt qu'ils portaient aux découvertes européennes, à eux révélées par les jésuites, en est le témoignage. Mais après K'ien-long, la Chine allait définitivement renoncer à l'effort d'adaptation nécessaire. Quand la révolution industrielle du XIXe siècle aura achevé d'outiller l'Occident, l'Extrême-Orient se trouvera encore attardé en plein moyen âge.

Chapitre IX
L'insularité japonaise

Le Japon ancien

Les premiers occupants du Japon furent les Aïnu, population arriérée, bien que de race « blanche », aujourd'hui relégués dans l'extrême Nord de l'archipel où ils ont été progressivement refoulés par les Japonais. Quant aux Japonais qui conquirent ainsi l'archipel du sud au nord, ils seraient formés d'un double élément, élément altaïo-tongous, élément malayo-polynésien.

Le stade néolithique est représenté dans l'archipel japonais par une céramique au décor tressé ou cordé, le *jômonshiki*, et le stade énéolithique par une céramique au tour, le *yayoishiki*. Du début de l'âge du fer, c'est-à-dire ici de l'époque prébouddhique (premiers siècles de notre ère), datent les tumuli funéraires princiers (*misasagi*) qui continuent la tradition du dolmen et qui ont livré des figures de terre cuite (*haniwa*) représentant des personnages ou des animaux (chevaux, etc.).

L'Etat japonais aurait été fondé par le premier *tennô* (empereur), le légendaire Jimmu (660-585 avant J.-C, d'après la tradition ; entre 17 avant J.-C. et 10 de notre ère, dans la chronologie rectifiée de Wedemeyer). De l'île méridionale de Kyûshû, Jimmu serait venu s'établir dans la province de Yamato, dans le sud-est de la grande île de Hondo. La religion primitive japonaise, le *shintoisme* (*shintô* « voie des esprits ») est le culte des divinités de la nature japonaise, — Izanagi et Izanami le couple créateur du Japon, Amaterasu la déesse du soleil, et les innombrables *kami*, esprits ou divinités de la terre et des eaux, — c'est aussi le culte des ancêtres.

Jusqu'au VIe siècle de notre ère, le Japon vécut assez isolé, en dépit de ses interventions dans les querelles entre les principautés coréennes. L'introduction du bouddhisme et de la civilisation chinoise dans la seconde moitié du VIe siècle le rattacha au continent. Ce fut l'œuvre de plusieurs princes, surtout de l'impératrice Suiko (593-629) et de son neveu, le prince *Shôtoku taishi* (572-621) qui s'efforcèrent de transformer la cour et l'administration sur le modèle chinois et de réformer les mœurs d'après les leçons de la charité bouddhique. Le Japon s'assimila la civilisation chinoise avec autant de rapidité qu'il en a mis à s'assimiler de nos jours la civilisation occidentale. L'art japonais de *l'époque Suiko* nous a laissé des statues bouddhiques, longues figures mystiques inspirées par l'art chinois des Wei (voir page 59). Le monastère de *Hôryûji* à Nara, qui remonterait à 607, nous a conservé d'admirables fresques rappelant celles de l'Asie Centrale (Qizil près de Koutcha, et Tourfan) et, à travers cet intermédiaire, l'influence indienne.

En 710 la capitale fut fixée à *Nara*, en Yamato, et y resta jusqu'en 784. Le plus grand empereur de Nara, Shôtnu tennô (724-741), fut très zélé pour le bouddhisme. C'est pour conserver ses reliques que fut fondé le célèbre *Shôsôin* ou trésor impérial de Nara (756).

L'empereur Kwammu (782-806) transféra en 794 la capitale à Heiankyô, ou Miyako, l'actuel Kyôto. Du nom de cette ville dérive celui de la *période Heian*, donné à l'époque 794-1192. A partir de 850 le pouvoir effectif passa aux mains de la famille des *Fujiwara*, étroitement alliée à la famille impériale. Le bouddhisme prit un nouvel essor avec les sectes ésotériques du Tendai et du Shingon, la première introduite par le moine Dengyô daishi (767-822), la seconde par le moine Kôbô daishi (774-835). Par ailleurs, deux femmes écrivains, Murasaki Shikibu († 992) et Sei Shônagon (également dernières années du Xe siècle), nous ont laissé une peinture charmante de la vie délicate et raffinée à la cour de Kyôto sous l'influence de la culture chinoise et de la douceur bouddhique.

Le shôgunat de Kamakura

Cependant la cour de Kyôto, trop complètement sinisée et raffinée, perdait son influence sur les provinces, restées beaucoup plus frustes. Contre la centralisation à la chinoise, la classe de guerriers (*samurai*) s'organisa sur un modèle purement féodal, suivant l'idéal du *bushidô*, le code de l'honneur chevaleresque. Le pays resta partagé en clans territoriaux ou baronnies ayant à leur tête autant de dynasties de barons (*myôden*, depuis *daimyô*), de plus en plus indociles aux ordres de la cour de Kyôto. Deux grandes familles militaires, issues de cadets impériaux, les *Taïra* et les *Minamoto*, groupèrent ces clans et se disputèrent, les armes à la main, l'hégémonie (XIe-XIIe siècles). Les Taïra l'emportèrent d'abord dans la personne de Kiyomori qui exerça la dictature de 1159 à 1181, mais ce furent les Minamoto qui triomphèrent finalement dans la personne de Yoritomo, lequel, après avoir exterminé les Taïra, devint *shôgun*, c'est-à-dire généralissime de l'empire, maire du palais tout puissant (1185-1199). Yoritomo établit le siège de son shôgunat à *Kamakura*, dans le Nord, au sud de l'actuel Tokyo, tandis que les empereurs (*tennô*), réduits à des fonctions honorifiques, continuaient à résider dans le Midi, à Kyôto. Après lui, le gouvernement (*bakufu*) du shôgunat de Kamakura fut géré de 1200 à 1333 par une dynastie de régents (*shikken*), la famille des *Hôjô*. Le gouvernement des Hôjô repoussa à deux reprises (1274, 1281) les corps de débarquement envoyés contre le Japon par l'empereur mongol

Qoubilaï.

Pendant la période féodale, le bouddhisme continua à se développer. Deux grands moines, Hônen (1133-1212) et Shinran (1174-1263) prêchèrent un piétisme qui avait pour objet le dhyâni-bouddha *Amida* (Amitâbha). Le premier fonda la secte de la Terre Pure, ou *Jôdoshû*, le second le *Shinshû*, branche réformée du Jôdoshû. Cette doctrine, *l'amidisme*, toute de confiance en la bonté divine, aboutit à une sorte de quiétisme, à une religion du cœur pleine de tendresse. D'autres moines bouddhistes propagèrent la doctrine intuitive de la contemplation ou *Zen* qui devint bientôt une école de stoïcisme militaire à l'usage des samuraï, et le grand réformateur Nichiren (1222-1280) fonda la secte du *Hokkeshû*, sorte de mysticisme nationaliste qui exerça une action politique tonifiante au moment de l'invasion mongole. Enfin l'époque de Kamakura vit une renaissance de l'art, notamment dans la statuaire (statues-portraits).

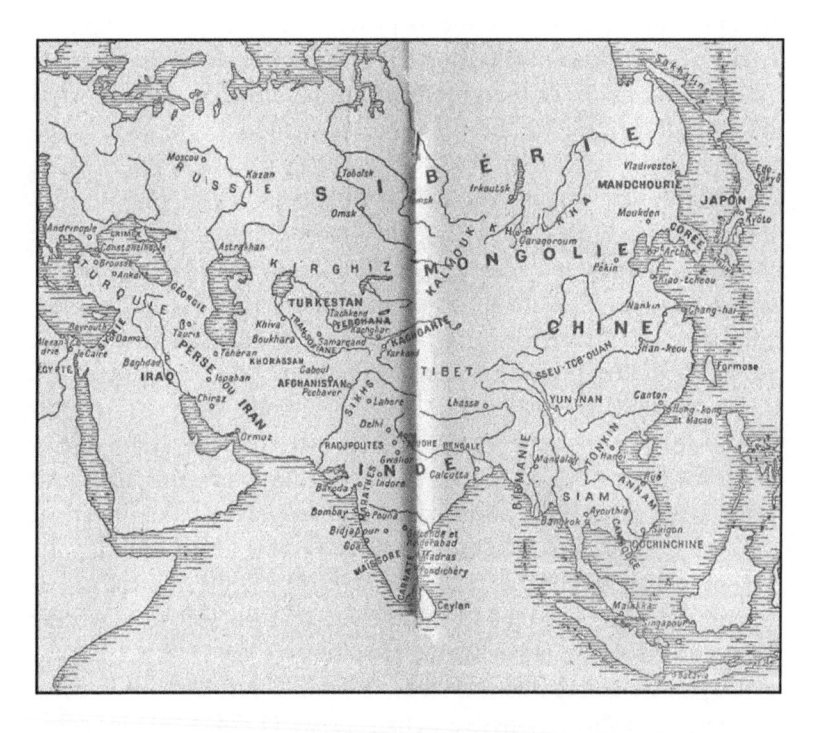

Carte 3. — L'Asie depuis les Temps Modernes

L'empereur Go-Daigo (1319-1338) tenta de restaurer le pouvoir impérial. De fait, il abattit le shôgunat de Kamakura (1333) ; mais une nouvelle maison féodale, celle des Ashikaga, mit fin, à cette éphémère restauration et rétablit pour elle-même le shôgunat qu'elle conserva de 1338 à 1573. Toutefois les Ashikaga ne purent empêcher l'affaiblissement du pouvoir central, si bien qu'au début du XVIe siècle le Japon, partagé en *daimyats* héréditaires, était tombé dans un morcellement féodal analogue à celui du Saint Empire en Occident vers la même période. Mais cette époque troublée vit naître les grands paysagistes Sesshû (1420-1506), Sesson (1450-1506) et Sôami (aussi fin XVe), élèves attardés des paysagistes chinois de l'époque Song. Par ailleurs, *l'École de Tosa*, fondée au XIIIe siècle, continuait à représenter, dans la tradition des « primitifs », les scènes de l'histoire ou de la légende nationale, tandis que *l'école de Kanô*, fondée par Masanobu (1453-1490) et le paysagiste Motonobu (1476-1559), renouvelait l'inspiration artistique. C'est également à partir du XVe siècle que le drame lyrique des *Nô* se trouva constitué par l'adjonction d'un dialogue aux vieilles danses sacrées qui mimaient les anciennes légendes japonaises.

Le shôgunat de Edo

Le pouvoir central fut restauré par les trois fondateurs du Japon moderne, Oda Nobunaga, Hideyoshi et Tokugawa Ieyasu. Nobunaga (1534-1582) abolit en 1573 le shôgunat des Ashikaga, depuis longtemps, réduit à l'impuissance, et se fit reconnaître à la place comme dictateur avec le titre de *gon-daïnagon*. Il se montra favorable aux étrangers, notamment aux navigateurs portugais et aux missionnaires jésuites que ceux-ci amenaient avec eux. C'est en effet vers cette époque que saint François Xavier avait séjourné au Japon (1549-1551). Par ailleurs, les marins japonais, spécialement ceux du *daimyat* de Satsuma à Kyûshû, commençaient à tenter fortune sur toutes les côtes des mers de Chine et jusqu'au Siam. Hideyoshi (1536-1598), soldat de fortune devenu dictateur sous le titre de *kwampaku* (1586), envoya ses armées conquérir la Corée (1592), conquête qui ne fut arrêtée que par la nouvelle de sa mort (1598). D'abord favorable, lui aussi, aux missionnaires jésuites, il inaugura ensuite la persécution contre eux. Ieyasu (1542-1616) fonda en 1603 le shôgunat de sa maison, la maison des *Tokugawa*, destiné à durer jusqu'en 1868 avec résidence à Edo (ou Yedo), l'actuel Tôkyô. Ieyasu ferma le Japon aux étrangers (Portugais, etc.) et proscrivit le christianisme. A l'intérieur il organisa le gouvernement shôgunal en monarchie absolue, domestiquant les *daimyô* comme Louis XIV devait domestiquer la noblesse, mais tout en respectant la dynastie impériale, toujours conservée dans des fonctions purement honorifiques à Kyôtô. Les descendants de Ieyasu, les *shôgun* de la dynastie Tokugawa aux XVIIe et XVIIIe siècles, maintinrent le régime absolu créé par leur aïeul.

L'art des Tokugawa devait être connu en Europe moins par des peintres comme Kôrin (1661-1716) que par les maîtres de l'estampe populaire, tels Kiyonaga (1742-1815), Utamaro (1753-1806), Hokusai (1760-1849) et Hiroshige (1792-1858). Quant à la littérature, ce que l'Occident devait en apprécier le mieux ce furent les courtes poésies dont la facture est aussi exigeante que chez nous celle du sonnet. En effet la poésie japonaise qui, dès l'époque des recueils du *Manyôshû* (vers 750) et du *Kokinshû* (905-922), s'était adonnée aux *tanka* (poèmes de 31 syllabes), s'attacha, à partir du XVIe siècle, à concentrer encore davantage l'expression du sentiment en créant le *haikai*, notation impressionniste qui ne doit pas dépasser 17 syllabes.

Chapitre X
L'Indochine et l'Insulinde

Le Pégou et le Cambodge

L'Indochine se divise historiquement en deux parties : pays de civilisation indienne à l'ouest, pays de civilisation chinoise à l'est. Les pays de civilisation indienne sont la Birmanie, le Siam, le Cambodge et l'ancien Tchampa (prononcé Tiampa). Les pays de civilisation chinoise sont les pays annamites (Tonkin et Annam).

La Birmanie a été peuplée par deux races : au sud, dans l'ancien Pégou, les *Môn* qui sont parents des Khmèr du Cambodge ; au nord les Birmans qui sont parents des Tibétains. La civilisation indienne et en particulier le bouddhisme ont pénétré dans le pays principalement par la voie du Pégou. Anourouddha, roi de Birmanie, ayant, en 1057 de notre ère, annexé le Pégou, le bouddhisme des vaincus acheva de conquérir les vainqueurs. Il s'agissait du bouddhisme du *Hînayâna*, celui de Ceylan, qui règne encore aujourd'hui dans le pays. Les capitales birmanes, d'abord Prome, puis, depuis le commencement du IXe siècle, Pagan et, de 1364 à 1781, Ava, conservent dans leurs pagodes le souvenir de cette longue tradition bouddhique.

Le Cambodge, peuplé par les *Khmèr*, frères de race des Pégouans, fut — tout en conservant sa langue — pacifiquement gagné dès les premiers siècles de notre ère à la culture indienne par des « civilisateurs indiens » qui lui apportèrent le brahmanisme et le bouddhisme. Les dynasties royales se rattachèrent au dieu indien Çiva, le sanscrit devint la langue des inscriptions.

Le pays cambodgien était alors partagé entre deux royaumes jumeaux dont nous ne connaissons le nom que sous les transcriptions chinoises : le *Fou-nan* dans la Cochinchine et le Cambodge actuels, le *Tchen-la* situé plus au nord, dans l'actuel Laos. Vers le milieu du VIe siècle de notre ère le Tchen-la conquit le Fou-nan et créa ainsi l'unité cambodgienne et l'empire khmèr.

Les siècles d'or de l'empire khmèr commencent avec le roi Djayavarman II (802-869) qui construisit un temple çivaïte sur le mont Koulèn, l'ancien *Mahendraparvata*, au, nord d'Angkor. Un de ses successeurs, Yaçovarman Ier, (vers 889-910) établit sa capitale à *Yaçodharapoura*, l'actuel Angkor. En 962 fut construit au nord d'Angkor le petit temple de Banteai-Srei (*Içvarapoura*) avec ses délicieux hauts-reliefs. Le roi Soûryavarman Ier (1002-1049) réunit à l'empire khmèr le pays de Dvâravatî, alors habité par des Môn, dans le sud-est de l'actuel Siam. Un de ses successeurs, au milieu du XIe siècle, construisit à Angkor le temple du Baphouon. Le roi Soûryavarman II (vers 1112-1152) soumit temporairement le Tchampa, c'est-à-dire la partie méridionale de l'actuel Annam. Il construisit au sud de l'enceinte d'Angkor le temple d'Angkor Vat, d'inspiration généralement vichnouite, monument d'une élégance classique, où l'architecture khmère atteint son apogée et sur les murs duquel d'innombrables bas-reliefs illustrent les scènes des épopées indiennes, *Râmayâna* et *Mahâbhârata*, ou racontent la vie de cour et les expéditions des souverains khmèr. Le roi Djayavarman VII (vers 1180-1205) soumit de nouveau le Tchampa (sud-Annam). Depuis les recherches des dix dernières années on attribue à son époque la construction du Bayon, temple qui occupe le centre de l'actuel Angkor.

Avec le style du Baynu la statuaire khmère, — dans ce grès cambodgien si plastique —, nous donne ses œuvres les plus humaines. C'est alors qu'apparaît sur les têtes bouddhiques le sourire intérieur, le sourire aux yeux clos, expression la plus parfaite de la vision béatifique du *nirvâna* (voir la collection khmère du Musée Guimet). Le Bayon lui-même est surmonté du quadruple visage souriant du bodhisattva Lokêçvara (Avalokitêçvara).

Dans la seconde moitié du XIIIe siècle l'empire khmèr tomba en décadence. A l'est le Tchampa avait été évacué (1220). A l'ouest la descente des Thaï ou Siamois arracha aux Khmèr leurs possessions dans le sud-est du Siam actuel en attendant, au XVe siècle, de les relancer jusqu'au cœur du Cambodge.

L'ancien Tchampa

Les Tcham (prononcez : Tiam) étaient un peuple de race malayo-polynésienne, de vocation maritime qui occupait à la fin de l'antiquité les côtes méridionales de l'Annam actuel, de la région de Hué au cap Saint-Jacques. Comme le Cambodge, le Tchampa avait accepté la civilisation indienne, le brahmanisme et le bouddhisme. Le culte dominant était le çivaïsme. Le sanscrit était devenu la langue des inscriptions et les rois tcham portaient des noms sanscrits. Les capitales du pays furent, dans leur nom sanscrit, d'abord *Indrapoura*, l'actuel Tra-kiêu, au Quang-nam, près de Tourane, puis, à partir de l'an mille, *Vidjaya*, l'actuel Binh-dinh, lorsque les Tcham durent commencer leur repliement vers le sud sous la pression des Annamites. Les principaux monuments tcham sont les sanctuaires çivaïtes du cirque de Mi-so'n et de Tra-kiêu, au Quangnam (vers le VIIe siècle) et les monastères bouddhiques de Dông-du'o'ng (IXe siècle). La sculpture tchame nous a laissé en relief ou en ronde bosse des œuvres brahmaniques ou bouddhiques inspirées, comme les sculptures khmères, par l'art indien, mais avec souvent un accent particulièrement original dans la force ou dans la grâce (collection tchame du Musée de Tourane).

Les Tcham furent en lutte à l'ouest avec les Khmèr, de même civilisation indienne qu'eux et qui, nous l'avons vu, cherchèrent à diverses reprises à les subjuguer au XIIe siècle. Au nord, ils ne cessèrent comme nous le verrons, de guerroyer contre les Annamites, de civilisation chinoise, qui devaient finir par les annihiler.

Les Annamites

Les Annamites sont originaires du Tonkin. Leur langue s'apparente à celle des Thaï ou Siamois. Le pays qu'ils occupaient, c'est-à-dire le Tonkin et les provinces septentrionales de l'actuel Annam jusqu'au nord de Hué, fut soumis par les Chinois en 111 avant J.-C. et resta une dépendance de l'empire chinois jusqu'en 939 de notre ère. En 939 les Annamites secouèrent la domination chinoise et se constituèrent en empire indépendant avec capitale dans la région de Hanoï, mais ils conservèrent toujours une culture d'inspiration chinoise. Les dynasties annamites qui se succédèrent alors eurent pour constant objectif de refouler toujours plus au sud leurs voisins méridionaux, les Tcham qui occupaient, on l'a vu, le centre et le sud de l'Annam actuel. En 1306 les Annamites arrachèrent ainsi aux Tcham la région de Hué. Une brève période d'occupation du Tonkin-Annam par la Chine de 1407 à 1428 n'interrompit pas le cours de l'histoire annamite. Le héros Lê Loi qui chassa les Chinois (1428), fonda la dynastie des Lê qui eut pour capitale principale Hanoï et qui en 1471 s'empara de la capitale tchame, Vidjaya, au Binh-dinh. Dans la seconde moitié du XVIe siècle, tandis que les empereurs Lê devenaient des rois-fainéants, deux dynasties de maires du palais se partagèrent le pouvoir : d'une part les *Trinh*, installés à Hanoï, aux côtés des empereurs Lê, gouvernèrent le Tonkin ; d'autre part les *Nguyên*, installés à Huê, gouvernèrent l'Annam au sud du mur de Dong-hoi. Les Nguyên, poussant toujours plus au sud la descente annamite, annexèrent les derniers territoires tcham (Phan-thiêt) en 1697 et enlevèrent au Cambodge l'actuelle Cochinchine (occupation de Saigon, 1698).

Entre 1770 et 1786 les Nguyên à Huê et les Trinh à Hanoï furent renversés par la révolte de pirates appelés les Tay-son. Mais l'héritier des Nguyên, Nguyên-Anh, réfugié en Cochinchine et aidé par un missionnaire français, Pigneau de Béhaine, évêque d'Adran, reprit aux Tay-son l'Annam (1801) et le Tonkin (1802), unifiant ainsi tout le domaine annamite. Sous le nom de Gia-long, il monta alors sur le trône comme fondateur de la dynastie impériale des Nguyên qui règne encore aujourd'hui à Huê.

Le Siam et la Birmanie

Les Siamois font partie de la race des Thaï qui comprend aussi les Shan, habitants de la Birmanie orientale, et les Laotiens. Descendus des confins du Yun-nan dans la vallée du Ménam, les Thaï au cours du XIIIe siècle enlevèrent le territoire du Siam actuel à ses occupants antérieurs qui étaient de race môn. Le premier roi thaï qui ait marqué dans l'histoire est Râma Kamhêng (1283-1297) qui avait pour capitale Sokhotaï. En 1351 fut fondée la ville d'Ayouthia qui fut la capitale du Siam jusqu'en 1767. La religion des Siamois était le bouddhisme du Hînayâna, importé de Ceylan avec, comme langue sacrée, le dialecte indien appelé le *pâli*. Ayant vaincu et plus ou moins vassalisé les Cambodgiens à qui finalement ils enlevèrent même la région d'Angkor, les Siamois leur imposèrent le bouddhisme hînayâniste (à la place du bouddhisme mahâyâniste et du çivaïsme qui étaient les religions des anciens rois khmèr).

Bientôt commença le duel du Siam et de la Birmanie. Le roi de Birmanie Bureng Naung entra en vainqueur à Ayouthia (1569). Le Siam se ressaisit cependant et, sous le règne de Phra Narai (1656-1688), entra même en relations avec Louis XIV. Mais le roi de Birmanie Alaungphra (1753-1760) envahit de nouveau le Siam. En 1767 les Birmans détruisirent Ayouthia. L'ennemi une fois chassé, les Siamois mirent leur capitale à Bangkok (1772).

L'Insulinde

L'Insulinde est habitée par les Malais, population de race malayo-polynésienne, de vocation maritime. Aux premiers siècles de notre ère, Java et Sumatra furent civilisés par des navigateurs indiens qui leur apportèrent le bouddhisme du Mahâyâna et le brahmanisme avec la littérature sanscrite qui accompagnait ces deux religions. Du VIIe au Xe siècle l'hégémonie dans les mers de la Sonde appartint à un Etat ainsi indianisé, le royaume de Çrîvidjaya dont le centre était à Palembang (Sumatra) (dynastie çailendra). A cette époque appartiennent les grands monuments de Java central, notamment le temple-montagne bouddhique de *Boroboudour* (vers 750), avec ses admirables bas-reliefs sculptés d'une facture purement indienne, le chef-d'œuvre de l'art indien dans l'Inde Extérieure, aussi le temple hindouiste de Prambanan aux reliefs d'un classicisme indien non moins parfait (IXe siècle). La courbe de l'art javanais va de cette sculpture tout indienne de Java central à la sculpture déjà désindianisée qui sera, à l'époque suivante, celle de Java oriental (temple de Panataran, XIVe siècle) ; la reprise malayo-polynésienne sera complète avec les silhouettes des *wayang* contemporains qui ne relèvent plus que des arts du Pacifique.

A partir du Xe siècle le premier rôle passe en effet aux Etats de Java oriental. Ce fut à Java oriental que fut fondé en 1293 par Raden Vidjaya l'empire de Madjapahit, qui remplaça Çrîvidjaya dans l'hégémonie des mers de la Sonde. A partir du XVe siècle les Etats javanais abandonneront le brahmanisme et le bouddhisme pour se convertir à l'Islam. Mais, en dépit de l'islamisation, ce sera la littérature indienne qui continuera à inspirer le théâtre javanais, ce seront les scènes du *Râmayâna* et du *Mahâbhârata* que continueront à mimer les ballets royaux au son des orchestres de gamelang.

Chapitre XI
La conquête européenne et la réaction asiatique

L'empire anglo-indien

Le grand fait de l'histoire de l'Asie au XIXe siècle est l'établissement de l'hégémonie européenne. Il fut dû avant tout à la possession, par les Européens, de la maîtrise de la mer qui leur permit de prendre à revers les empires asiatiques ; aussi à la supériorité de l'artillerie et de la mousqueterie européennes sur l'armement indigène.

Le mouvement avait commencé au XVIe siècle. Les initiateurs en furent les Portugais : dès 1498 Vasco de Gama, ayant réalisé la circumnavigation de l'Afrique, avait abordé dans l'Inde, à Calicut. L'intérêt que présentait pour les Portugais la possession des ports d'où partait le commerce des épices, amena leur amiral Albuquerque à occuper Goa (1510) et Malacca (1511). En quelques années ils s'assurèrent en outre le contrôle des côtes de Ceylan et de l'Insulinde. Au début du XVIIe siècle ils furent en partie supplantés dans ces régions par les Hollandais. En 1619 les Hollandais fondèrent Batavia dans l'île de Java, fondation suivie de la lente prise de possession des diverses îles de l'Insulinde ; en 1638 le râdja de Ceylan reconnut leur protectorat. Mais il allait appartenir aux Anglais de mener à bien l'œuvre de conquête européenne seulement ébauchée par les gens de Lisbonne ou d'Amsterdam.

Les Anglais, comme les Portugais et les Hollandais, commencèrent par acquérir de simples comptoirs de commerce : Madras (1640), Bombay (1661) et Calcutta (1690). Ce ne fut qu'au milieu du XVIIIe siècle que, de ces établissements côtiers, ils passèrent à la conquête de l'intérieur. Leur réussite allait être due à trois causes : 1° l'anarchie politique où la dissolution de l'empire moghol avait laissé le pays ; 2° la supériorité, déjà signalée, de leur armement sur celui des indigènes ; 3° la continuité de leur politique coloniale opposée aux à-coups de la politique française. Les Anglais se heurtaient en effet dans l'Inde aux Français établis à Pondichéry (1674) et à Chandernagor (1686). Un Français de génie, Dupleix, faillit donner à son pays l'hégémonie du Dékhan (1742-1754), mais fut abandonné par la métropole. Mieux soutenus par la leur, ses émules britanniques, Clive (entre 1751 et 1760) et Warren Hastings (entre 1772 et 1785). assurèrent à l'Angleterre la possession de fait du Bengale (1757) et du Carnate (1761). Sous le quatrième gouverneur britannique, Wellesley (1798-1805), Delhi, la capitale moghole, fut occupée (1803). Par ailleurs, des guerres napoléoniennes l'Angleterre conserva Ceylan enlevée aux Hollandais (1815). En 1819, après les « guerres marathes », les Anglais annexèrent le pays marathe qui forme aujourd'hui la majeure partie de la Présidence de Bombay. En 1849 après la guerre contre les Sikhs, ils annexèrent de même le pays sikh, le Pendjâb. La « mutinerie » de 1857 échoua par la mésentente de révoltés et en 1877 la proclamation de la reine Victoria comme impératrice des Indes annonça au monde que l'empire des Grands-Moghols était restauré au profit de la couronne britannique. En 1886, l'annexion de la Birmanie compléta l'édifice.

L'établissement de la domination britannique dans l'Inde eut comme contre-coup l'ouverture de la Chine. En Chine, après l'empereur K'ien-long (1736-1796), la dynastie mandchoue était tombée en décadence et par ses maladresses provoquait l'Europe. Longtemps tolérante aux missionnaires, elle proscrivait maintenant le christianisme (1805). Néanmoins ce fut pour un motif moins honorable, pour forcer le gouvernement de Pékin à accepter l'importation de l'opium, qu'en 1841 l'Angleterre déclara la guerre à la Chine et s'empara de Hong-kong. La Chine dut consentir à l'ouverture d'un certain nombre d'autres ports (1843, 1844). En 1860 nouvelle expédition, franco-anglaise cette fois, au cours de laquelle les Alliés occupèrent Pékin (octobre 1860) et qui eut pour résultat l'ouverture de nouvelles places de commerce. Entre temps, dans le Sud, un mouvement insurrectionnel chinois, dirigé par la secte mystique des *T'ai-p'ing*, avait éclaté pour chasser la dynastie mandchoue et s'était rendu maître de Nankin (1853), mais une armée anglo-américaine aida les Mandchous à écraser cette révolte, (1864). Les intérêts britanniques devinrent dès lors prépondérants en Chine, particulièrement dans la vallée du Yang-tseu, notamment à Changhai, ville internationale, sino-étrangère, surgie depuis 1842 sur l'estuaire du fleuve et destinée à un essor digne des cités américaines.

Par Singapour occupée depuis 1819 et par Hong-kong, devenu le plus grand port de commerce de l'Extrême-Orient, l'Angleterre dominait d'ailleurs militairement les mers de Chine.

De son côté, la France avait orienté ses vues sur l'Indochine. En 1862 elle se fit céder par les Annamites la Cochinchine ; en 1863-1864 elle établit son protectorat sur le Cambodge. En 1882-1883 elle occupa le Tonkin et fit reconnaître par la cour de Huê (dynastie *Nguyen*) son protectorat sur l'Annam (1883). Ainsi fut constituée, avec Hanoï pour centre administratif, l'Indochine française que la France a dotée d'un outillage moderne et dont elle a fait une unité économique viable. La France a d'autre part, par les fouilles des anciennes cités khmères et tchames, notamment par la *résurrection d'Angkor*, restitué le grand passé de l'Indochine.

L'avance russe

La restauration de l'empire des Indes au profit de l'Angleterre dans l'Asie méridionale eut comme pendant l'extension de l'empire russe à toute l'Asie boréale.

L'expansion ou plus exactement le « prolongement » de la Russie en Asie avait commencé dès le XVIe siècle. En Sibérie les Russes ne trouvaient qu'un pays faiblement peuplé, presque une terre vierge avec seulement de pauvres tribus finno-ougriennes, turques ou tongouses, restées à un stade fort primitif. Ils s'établirent à Tobolsk en 1587, à Tomsk en 1604, à Irkoutsk en 1652, à Nertchinsk en 1656. Sur ce sol si pareil à la Russie d'Europe et où le colon n'était pas dépaysé, la « terre russe » se continuait naturellement : le terme de *Russie d'Asie* correspond à une réalité géographique. La colonisation russe atteignit la mer du Japon au XIXe siècle avec l'annexion des provinces de l'Amour (1858) et de l'Oussouri (1860) et la fondation de Vladivostok « domination de l'Orient », que le Transsibérien (achevé en 1902) relia à l'Europe. La Russie d'Asie fut complétée par la conquête du Turkestan occidental : en 1868 annexion de Samarqand et protectorat de Boukhara ; en 1875 annexion du Ferghâna et protectorat de Khiva. Les Soviets devaient en 1921 ajouter à cet ensemble la Mongolie Extérieure.

La modernisation du Japon

Depuis 1603 le Japon était gouverné, — sous le couvert de la dynastie impériale reléguée à Kyôto dans des fonctions purement honorifiques —, par la dynastie des *shôgun* de la famille Tokugawa, installée à Yédo, l'actuel Tôkyo, et qui avait imposé son absolutisme aux *daimyô* ou barons territoriaux (voir page 107). Toutefois les clans groupés autour des divers *daimyô* restaient vivaces, et la classe militaire des *samuraï* se montrait profondément attachée aux divers clans. Lorsque les marines européennes et américaine eurent exigé du Japon comme de la Chine l'ouverture des ports, le patriotisme japonais fut amené à réexaminer toutes les institutions du pays. Un prince certainement remarquable, l'empereur *Mutsuhito*, depuis connu sous le nom de *Meiji-tennô* (1866-1912), appuyé sur les clans de Chôshû et de Satsuma, en profita pour renverser le shôgunat des Tokugawa et rétablir le gouvernement direct de sa propre maison (1868) ; signe visible de cette révolution, ils transféra sa capitale de Kyôto à Tôkyô, pour faire entendre, à la manière de notre Louis XIV, qu'il entendait être désormais son propre shôgun (1869). Ainsi débuta l'ère de *Meiji* ou du gouvernement éclairé qui s'attacha à européaniser l'aspect extérieur de la civilisation japonaise avec suppression non seulement du shôgunat, mais aussi des daimyats et de toute la féodalité (1871). Le Japon se donna alors des institutions imitées de celles de l'Europe et surtout une excellente armée moderne.

Cette armée ne tarda guère à faire ses preuves. En 1891, éclata entre le Japon et la Chine une guerre pour le protectorat de la Corée. Partout vainqueurs, les Japonais occupèrent non seulement la Corée, mais aussi Port-Arthur, au sud de la Mandchourie, et Formose (1894-1895). Au traité de Shimonoseki, la Chine dut leur abandonner toutes leurs conquêtes (1895), mais l'intervention diplomatique de la Russie, de la France et de l'Allemagne les obligea aussitôt à évacuer la Mandchourie et la Corée en ne gardant que Formose.

Par ailleurs, la révélation de la faiblesse chinoise encouragea les Puissances occidentales à commencer le partage du Céleste Empire. L'Allemagne occupa au Chan-tong le territoire de Kiao-tcheou (1897), la Russie la Mandchourie avec Port-Arthur (1897, 1898), l'Angleterre Wei-hai-wei (1898). Le jeune empereur de Chine Kouang-siu, pour sauver son pays du sort qui le menaçait, conçut le dessein de le moderniser selon l'exemple du Japon, mais l'impératrice douairière, la redoutable Ts'eu-hi, qui représentait le parti vieux-mandchou, ne lui en laissa pas le temps. Elle prononça la déchéance du malheureux souverain (1898) et favorisa l'agitation xénophobe dirigée par la secte des Boxers. En 1900, à Pékin même, les Boxers, encouragés par Ts'eu-hi, donnèrent l'assaut aux Légations étrangères. Il fallut, pour dégager celles-ci, une expédition internationale placée sous le commandement du maréchal allemand Waldersee et qui le 14 août 1900 entra victorieusement à Pékin.

La réaction asiatique contre l'Europe

Après la guerre des Boxers, la Russie accentua sa mainmise sur la Mandchourie et songea à se subordonner la Corée. Le Japon, frustré par elle des fruits de sa victoire de 1094, se prépara à la guerre ; l'Angleterre, heureuse de l'opposer comme une barrière à l'expansion russe, lui accorda son appui (1902) et lui promit même, en cas de conflit, d'empêcher la France et l'Allemagne d'aider les Russes.

La guerre de Mandchourie entre la Russie et le Japon commença le 8 février 1904. Le généralissime japonais Oyama battit les Russes à Leao-yang (août-septembre 1904) et à Moukden (février-mars 1905). Le général Nogi s'empara de Port-Arthur (2 janvier 1905). L'amiral Togo coula la dernière escadre russe à Tsushima (27-28 mai 1905). Par le traité de Portsmouth (5 septembre 1905), la Russie renonça à toute prétention sur la Corée et sur la Mandchourie méridionale. La Corée fut placée sous le protectorat japonais (1905) en attendant l'annexion définitive (1910). Port-Arthur et Dalny (Dairen), au sud de la Mandchourie, devinrent des citadelles japonaises.

Les répercussions de la victoire japonaise furent incalculables en Asie. Ainsi un peuple asiatique, à condition de s'européaniser, pouvait battre les Européens. En Chine, le parti révolutionnaire et nationaliste du *Kouo-min-tang*, dirigé par le Cantonais protestant Sun Yat-sen, commença une agitation qui aboutit, dans la région cantonaise et sur le Yang-tseu, au soulèvement de 1911. En février 1912 la dynastie mandchoue abdiqua et la république chinoise fut proclamée. La présidence de la république fut occupée par le trop habile vice-roi Yuan Che-k'ai qui en 1915 essaya de restaurer la monarchie à son profit, mais qui échoua et disparut (1916). Le pays, surtout dans le Nord, sombra alors dans l'anarchie militaire, puis les Sudistes du parti Kouo-ming-tang, dirigés par le Cantonais Tchang Kai-chek, prirent Pékin et transférèrent la capitale à Nankin (1928). Mais l'heure du Japon était venue.

Le Japon, comme allié de la Triple Entente, avait profité de la guerre mondiale pour enlever à l'Allemagne les possessions de celle-ci au Chan-tong (novembre 1914). Mais à la conférence de Washington de 1921-1922 les Etats-Unis et l'Angleterre l'obligèrent à abandonner sa conquête. Après un recueillement de dix ans, le gouvernement de Tôkyô revint à une politique expansionniste. Il réoccupa Moukden (1931) et constitua la Mandchourie en un Etat autonome de *Mandchoukouo* indépendant de la république chinoise, protégé par l'Empire du Soleil Levant et à la tête duquel il plaça Pou-yi, le dernier empereur mandchou chassé en 1912 du trône le Pékin (1932). En 1937, le Japon entra en guerre ouverte contre la république chinoise que soutenaient moralement les Etats-Unis et l'Angleterre. Les armées japonaises occupèrent Pékin, Nankin et les provinces côtières, tandis que le président de la république chinoise, Tchang Kai-chek, devait se retirer au Sseu-tch'ouan.

La révolte morale ou effective de l'Asie contre la domination ou l'hégémonie européenne ne s'est pas limitée à l'Extrême-Orient. Dans l'Inde, par un résultat en apparence paradoxal, le rassemblement de la terre indienne par les Anglais et la diffusion de la culture européenne avaient eu comme inévitable conséquence de préparer l'apparition d'une conscience nationale dirigée contre la domination britannique. De cet état d'esprit sortit la réunion annuelle d'une sorte de parlement indigène officieux appelé le *Congrès des Indes* (première réunion en 1883) où intellectuels hindous et intellectuels musulmans apprenaient à oublier leur millénaire antagonisme pour ne songer qu'à la commune *mother India*. Pendant longtemps ce mouvement n'eut d'autre but que l'obtention d'un *svarâdj* ou *self government* à la manière des *Dominions*. Telle fut encore l'attitude du leader marathe Tilak († 1920). Avec le chef actuel du mouvement *panindien*, le goudjerati Gandhi (né en 1869), c'est l'indépendance totale que réclame l'Inde.

Pendant ce temps, la Perse ou Iran, longtemps considérée comme un condominium anglo-russe (traité de 1907), commençait sa propre transformation. La déposition de la dynastie des Qadjar et l'avènement du Châh Pahlavi marquèrent le début d'une européanisation radicale (novembre 1925).

Enfin l'effondrement de l'empire ottoman à la suite de la guerre mondiale amena la renaissance d'une Turquie purement nationale. L'initiateur de cette révolution fut un grand soldat, l'*ataturk* Moustapha Kémal (1880-1938). Dans le désordre qui suivit le traité de Sèvres (mai 1920), Moustapha Kémal réunit à Ankara une « grande assemblée » décidée à défendre le « turkisme » contre les Anglais et les Grecs. Par la victoire de la Saqaria (août-septembre 1921) et par la prise de Smyrne (septembre 1922) il chassa les Grecs de l'Anatolie et obligea les Puissances à reconnaître au traité de Lausanne l'indépendance de la république turque (juillet 1923). Ajoutons pour mémoire, — tant la rénovation de l'Asie suivait un rythme accéléré —, que le 3 mars 1924 la dynastie ottomane fut déclarée définitivement déchue et le khalifat lui-même aboli.

Concluons cette rapide esquisse. L'Occident au XVIIIe et au XIXe siècle a grâce à la supériorité de sa technique militaire et industrielle assujetti l'Asie. En même temps il l'a moralement transformée par ses idées. Au XXᵉ siècle l'Asie a retourné contre l'Occident d'abord les idées européennes, puis, sur les champs de bataille, les armements empruntés à l'Europe et à l'Amérique. L'européanisation de l'Asie a eu comme conséquence la révolte de l'Asie contre l'Europe.

Éléments de bibliographie

N. B. — Nous ne donnons ici que les volumes présentant le dernier état de chaque question.

Anciennes civilisations du Proche-Orient

GORDON CHILDE, *L'Orient préhistorique* (Payot, 1935). — CAPART et CONTENAU, *Histoire de l'Orient ancien* (Hachette, 1936). — L. DELAPORTE, *Les peuples de l'Orient méditerranéen* (Presses Universitaires, Chu, 1938). — G. CONTENAU, *Hittites et Mitanniens*, et : *Civilisations d'Assur et de Babylone* (Payot, 1934 et 1937). — C. HUART, *La Perse antique* (Albin Michel, 1925). — CHRISTENSEN, *L'Iran sous les Sassanides* (Geuthner, 1936). — SARRE, *L'art de la Perse ancienne* (Crès) : aussi A. GODARD dans la *Nouvelle histoire de l'art*, de Marcel AUBERT, t. I (Firmin-Didot, 1932).

Histoire de l'Inde

René GROUSSET, *Histoire de l'Extrême-Orient*, t. I (Geuthner, 1929). — René GROUSSET, *L'Asie Orientale, des origines au XVᵉ siècle*, t. X de l'Histoire Générale des Presses Universitaires (1941). — G. COURTILLIER, *Anciennes civilisations de l'Inde* (Colin, 1930). — MASSON-OURSEL, etc., *L'Inde antique* (Albin Michel, 1933) et : *Histoire de la philosophie indienne* (Geuthner. 1923). — René GROUSSET, *Les philosophies indiennes* (Deselée, 1931). — OLDENBERG, *Le Bouddha* (Presses Universitaires). — Sur l'art indien, René GROUSSET dans la *Nouvelle histoire de l'art*, de Marcel AUBERT (Firmin-Didot, t. II, 1932) et Philippe STERN dans *Arts musulmans et Extrême-Orient* (Colin, 1939).

Histoire de la Chine

René Grousset, *op. cit.* (*Histoire de l'Extrême-Orient*, t. I et II, Geuthner, 1929, et : *L'Asie Orientale jusqu'au XVe siècle*, Presses Universitaires, 1941). — H. Maspero, *La Chine antique* (de Boccard, 1927). — M. Granet, *La civilisation chinoise*, et : *La pensée chinoise* (Albin Michel, 1929 et 1934). H. Creel, *La naissance de la Chine* (Payot, 1937). — Wieger, *Textes historiques* et : *Histoire des croyances et des opinions philosophiques en Chine*, et : *Les pères du système taoïste* (Changhai). — O. Sirèn, *Histoire des arts anciens de la Chine* (6 vol. 4°, Editions d'art et d'histoire, 1929-1935). — Daisy-Lion, *L'art chinois* (Plon 1937). — Georges Salles, *Bronzes chinois*, et : *Arts de la Chine ancienne* (Louvre, 1934, 1937). — René Grousset, *Evolution des bronzes chinois archaïques* (Editions d'art et d'histoire, 1937). — Sung-nien Hsu, *Littérature chinoise* (Delagrave, 1933).

Hellénisation de l'Orient et art gréco-bouddhique

Jouguet, *L'impérialisme macédonien* (Albin Michel, 1926). — A. Foucher, *L'art gréco-bouddhique du Gandhâra* (3 vol. 8°, 1905-1922). — Hackin, *Mémoires de la Délégation archéologique française en Afghanistan*, 4 vol. fol. (Editions d'art et d'histoire, 1928-1936) et : *L'art indien et l'art iranien en Asie Centrale*, dans : *Arts musulmans et Extrême-Orient* (Colin, 1939). — René Grousset, *Sur les traces de Bouddha* (Plon, 1929).

Asie musulmane

H. Massé, *L'Islam* (Colin, 1930). — C. Huart, *Histoire des Arabes* (Geuthner. 1912). — Gaudefroy-Demombynes. *Le monde musulman* (de Boccard, 1931). — H. Massé. *Les épopées persanes, Firdousi* (Perrin, 1935). — Migeon, *Manuel d'art musulman* (Picard. 1927). — Georges Salles, *Arts musulmans et Extrême-Orient* (Colin, 1939). — René Grousset, *Histoire des Croisades*, 3 vol. (Plon, 1934-1936), — René Grousset, *L'épopée des Croisades* (Plon, 1939).

Turcs et Mongols

Pelliot, *La Haute Asie* (Guimet, 1931). — René Grousset,

L'empire des steppes : Attila, Gengis-khan, Tamerlan (Payot, 1939). — René GROUSSET, *L'empire mongol* (de Boccard, 1941). GRENARD, *Gengis-khan* (Colin, 1935).

Japon

SANSOM, *Le Japon* (Payot, 1938). — J. BUHOT, dans *L'Asie Orientale* (Presses Universitaires, 1941). — ANESAKI, *Histoire religieuse du Japon* (Guimet, 1921). — Steinilber OBERLIN et K. MATSUO, *Sectes bouddhiques japonaises* (Crès, 1930). — MIGEON, *Au Japon. Sanctuaires de l'art* (Gcuthner). — ELISÉEF, dans : *Arts musulmans et Extrême-Orient* (Colin, 1939). — Louis AUBERT, *L'estampe japonaise* (Colin). — ASTON, *Littérature japonaise* (Colin).

Indochine et Insulinde

Georges MASPERO, *L'Indochine*, 2 vol. 4° (Editions d'art et d'histoire, 1930). — G. DE CORAL-REMUSAT, *L'art khmèr* (*ibid.*, 1940). — Philippe STERN, dans *Arts musulmans et Extrême-Orient* (Colin, 1939), et J. AUBOYER, dans *L'Asie Orientale* (Presses Universitaires, 1941).

Problèmes contemporains

Victor BÉRARD, *La révolte de l'Asie* (Colin, 1904). — René GROUSSET, *Le réveil de l'Asie* (Plon, 1924). — E. DENNERY, *Foules d'Asie* (Colin, 1930). — Jean RAY, *Le Japon, grande puissance mondiale* (Plon, 1941). — R. DOLLOT, *L'Afghanistan* (Payot, 1938). — Georges MASPERO, *La Chine* (Delagrave).

ISBN : 978-2-37976-177-5

Milton Keynes UK
Ingram Content Group UK Ltd.
UKHW042107131124
451149UK00006B/696